- 国家出版基金资助项目
- 弘扬社会主义核心价值体系出版工程重点图书
- 国家社会科学基金重大招标课题“实施中国特色社会主义理论体系普及计划的途径、载体和方法研究”项目成果

弘扬社会主义核心价值体系出版工程重点图书

中国特色社会主义理论体系普及读本

总主编：顾海良　佘双好

中国奇迹　中国道路　中国模式

中国特色社会主义经济建设

李楠　著

图书在版编目(CIP)数据

中国奇迹 中国道路 中国模式:中国特色社会主义经济建设/李楠著.—武汉:武汉大学出版社,2014.5
(中国特色社会主义理论体系普及读本/顾海良 佘双好主编)
弘扬社会主义核心价值体系出版工程重点图书
ISBN 978-7-307-13342-6

Ⅰ.中… Ⅱ.李… Ⅲ.中国特色社会主义—社会主义经济—学习参考资料 Ⅳ.F120.2

中国版本图书馆 CIP 数据核字(2014)第 098846 号

责任编辑:朱凌云　　责任校对:汪欣怡　　版式设计:马　佳

出版发行:**武汉大学出版社**　(430072　武昌　珞珈山)
(电子邮件:cbs22@whu.edu.cn 网址:www.wdp.whu.edu.cn)
印刷:武汉中远印务有限公司
开本:720×1000　1/16　印张:13.25　字数:182 千字　插页:4
版次:2014 年 5 月第 1 版　　2014 年 5 月第 1 次印刷
ISBN 978-7-307-13342-6　　定价:35.00 元

总序言

顾海良

围绕中国特色社会主义理论体系和社会主义核心价值体系的基本现状，我们编写了《中国特色社会主义理论体系普及读本》丛书，它是国家弘扬社会主义核心价值体系出版工程重点图书。丛书分作十二册，以中国特色社会主义理论体系和社会主义核心价值体系的基本内容和精神实质为主线，力图对当代中国马克思主义的这两个重要理论成果作出全面的探索和适合于马克思主义中国化时代化大众化的阐释。

中国特色社会主义理论体系是包括邓小平理论、"三个代表"重要思想、科学发展观在内的科学理论体系，是对马克思列宁主义、毛泽东思想的继承和发展，是马克思主义中国化最新成果，是实现中华民族伟大复兴的正确理论。这一理论体系，在建设中国特色社会主义的思想路线、发展道路、发展阶段、发展战略、根本任务、发展动力、依靠力量、国际战略、领导力量和根本目的等各个方面，在中国特色社会主义经济建设、政治建设、文化建设、社会建设、生态文明建设和党的建设等各个领域，形成了一系列独创性的思想理论观点，回答了在中国这样一个十几亿人口的发展中大国建设社会主义的一系列重大的理论和实践问题。这一理论体系，与中国特色社会主义的道路和制度密切地联系在一起，道路是实现途径、制度是根本保障、理论体系是行动指南，三者统一于中国特色社会主义伟大实践，并随着实践而不断发展和完善。在当代中国，坚持和发展中国特色社会主义，最根本的就是要坚持和拓展中国特色社会主义道路，坚持和丰富中国特色社会主义理论体系，坚持和完善中国特色社会主义制度，坚定中国特色社会主义的道路自信、制度自信、理论自信。

社会主义核心价值体系的基本内容包括马克思主义指导思想、中国特色社会主义共同理想、以爱国主义为核心的民族精神和以改革创新为核心的时代精神、社会主义荣辱观。社会主义核心价值体系是兴国之魂，是社会主义先进文化的精髓，是中国特色社会主义精神力量的内核，是社会主义意识形态的本质体现，决定着中国特色社会主义发展方向。社会主义核心价值体系要融入国民教育、精神文明建设和党的建设全过程，贯穿改革开放和社会主义现代化建设各领域。在社会主义核心价值体系建设中，要积极培育和践行社会主义核心价值观。社会主义核心价值观是社会主义核心价值体系的内核力和聚焦点，渗透于社会主义核心价值体系的各个方面。培育和践行社会主义核心价值观，是建设社会主义核心价值体系的根本任务，是加强社会主义核心价值体系建设的最为基本的也是最为重要的方面。

我们希望，丛书能以我国改革开放和现代化建设的实际问题、以我们正在做的事情为中心，着眼于马克思主义理论的运用，着眼于实际问题的理论思考，着眼于新的实践和新的发现。“明者因时而变，知者随事而制。”在对中国特色社会主义理论体系和社会主义核心价值体系的研究和阐释中，能凸显马克思主义基本原理的科学内涵、精神实质和时代风格，提升中国特色社会主义道路和制度探索的理论精髓，体现科学社会主义当代发展的新概括和新提炼。能在现实、理论与历史的结合上，在党性和人民性的统一上，在维护国家意识形态安全和发挥意识形态引导功能的协同上，在中国的现实发展和中国梦的未来憧憬的联结上，彰显中国化马克思主义的解释力、影响力和作用力，提升中国化马克思主义的理论自觉、理论自信和理论自强。

我们希望，丛书能从多方面阐明中国特色社会主义理论体系和社会主义核心价值体系，在丰富人民精神世界、增强人民精神力量、满足人民精神需求上的理论指导和实践导向，对全社会形成统一指导思想、共同理想信念、强大民族精神和时代精神力量及基本道德规范上发挥强大的推进力；在巩固壮大主流思想舆论和弘扬主旋律上，产生更大的正能量，激发全社会团结奋进的强大力量；在事关大是大非和政治原则问题上，能划清是非界限、澄清模糊认识，增强主动性、掌握主动权、打好主动仗；在积极引领社会思潮中发挥中坚作用，在多元中立主导、在多样中谋共识、在多变中定方向。

我们希望，丛书能在学习借鉴人类文明成果的基础上，用中国的理论研究和话语体系解读中国实践、中国道路、中国形象，不断概括出理论联系实际的、科学的、开放融通的新概念新范畴新表述，传播中国好声音，形成具有中国特色、中国风格、中国气派的哲学社会科学学术话语体系。能把握好“时、度、效”，努力讲真、讲实、讲好、讲活、讲深中国故事、中国情怀，进一步扩大中国道路、制度及其理论体系和核心价值观的感召力、影响力和认同力，不断提升国家文化软实力和中华文化国际感染力。

丛书是由武汉大学马克思主义理论学科的老师们合作撰写的，也是以佘双好教授为首席专家的国家社会科学基金重大招标课题“实施中国特色社会主义理论体系普及计划的途径、载体和方法研究”项目的部分研究成果。

2013年9月10日

目　录

CONTENTS

序言 中国发展 全球瞩目

2014 年又是一个甲午年，距离 1894 年中日甲午战争整整过去了两个“甲子”。回首中国近代，自 1840 年开始，世界新列强的兴起颠覆了中国延续 2000 多年泱泱大国的历史地位，“中国雄狮”成为列强肆意蹂躏和宰割的“东亚病夫”。正如一贯谴责列强侵华的恩格斯于 1894 年 11 月所指出的：“在中国进行的战争给古老的中国以致命的打击。”① 甲午战争彻底打碎了“天朝上国”的迷梦，可谓是一个庞大帝国崩溃的临界点。但是，甲午战争也是中华民族觉醒的一个重要转折点，它进一步唤醒了中华民族伟大复兴的中国梦。中国人民在哭泣、悲歌、呐喊和抗争中，在一次次的失败和痛苦中，急切呼唤新的“主义”来救中国、新的政党登上历史舞台。直到 1921 年，中国共产党诞生，中国人民才第一次看到了光明。经过 28 年艰苦卓绝的不懈奋斗，中国共产党带领中国人民建立了中华人民共和国。中华人民共和国的成立从根本上结束了中国百年积贫积弱、战乱频仍、落后挨打的历史，实现了国家主权独立、民族团结和社会安定，中华民族屹立于世界民族之林。

中华人民共和国成立后，仅仅用 3 年时间就恢复了遭到严重破坏的国民经济，到 1952 年年底，工农业生产的各项指标全部大幅度超过了历史上的最高水平。从 1953 年起，我国开始实行第一个五年计划，到 1957 年，全国工业总产值比 1952 年增长 128.3%，平均每年增长 18%；农业总产值比 1952 年增长 25%，平均每年增长 4.5%。② 由于中华人民共和国成立初期缺乏经验，我国经济体制基本上照搬“苏联模式”。1956 年苏共二十大后，我国在总结世界社会主义历

---

① 《马克思恩格斯选集》第四卷，人民出版社 1995 年版，第 737 页。

② 严志民：《社会主义改变了中国的命运》，载《求是》2014 年第 10 期。

史经验的基础上，及时提出“以苏为鉴”，把马克思主义普遍原理和中国实际进行“第二次结合”，独立探索出一条适合中国国情的社会主义建设道路。从 1956 年开始，我国开始了长期的艰辛探索，终于在 1978 年党的十一届三中全会以后，开创了一条中国特色社会主义的发展道路。

1978 年年底启动的改革开放，创造了全球瞩目的“中国经济奇迹”。改革开放 36 年，中国经济总量连上台阶，综合国力大幅提升。尤其是 2003—2011 年，国内生产总值年均实际增长 10.7%，其中有六年实现了 10% 以上的增长速度，在受国际金融危机冲击最严重的 2009 年依然实现了 9.2% 的增速。这一时期的年均增速不仅远高于同期世界经济 3.9% 的年均增速，而且高于改革开放以来 9.9% 的年均增速。国内生产总值由 1978 年的 3 645 亿元迅速跃升至 2013 年的 56.88 万亿元。① 我国高速增长期持续时间和增长速度都超过了经济起飞时期的日本和亚洲“四小龙”，创造了人类经济发展史上的新奇迹。

2013 年，我国实现国内生产总值568 845亿元，公共财政收入 129 143 亿元，稳居世界第二大经济体；全年国内生产总值与全部就业人员的比率为66 199元/人，比上年提高 7.3%，达到世界中等偏上收入国家水平；进出口贸易总额 41 600亿美元，位居世界第二；外汇储备 3.82 万亿美元，位居世界第一；大多数工农业产品产量位居世界第一，粮食产量达60 194万吨，再创历史新高。② 随着我国经济的持续高速增长及其对世界经济贡献的不断增强，越来越多的学者开始审视和解读“中国奇迹”。毋庸置疑，“中国奇迹”既是中国共产党人突破传统观念和传统体制桎梏的结果，又是中国共产党人在历史的重要转折时期摸着石头过河、勇于创新的结果。在经济全球化背景下，特别是在世界金融危机的当

---

① 中华人民共和国国家统计局：《中华人民共和国 2013 年国民经济和社会发展统计公报》，国家统计局网站 http://www.czs.gov.cn/fgw/ckwx/content_423667.html。

② 中华人民共和国国家统计局：《中华人民共和国 2013 年国民经济和社会发展统计公报》，国家统计局网站 http://www.czs.gov.cn/fgw/ckwx/content_423667.html。

下，世人炫目于“中国奇迹”。

中国作为全世界最大的发展中国家，特别是作为尚存不多的仍然坚持走社会主义道路的国家，其自20世纪80年代以来所创造的经济奇迹，必然引起西方发达国家、广大发展中国家和转轨国家的广泛关注。实际上，在现代世界史上，先后出现过三次全球瞩目的经济奇迹：第一次是20世纪五六十年代的“德国奇迹”和“日本奇迹”；第二次是20世纪六七十年代的亚洲“四小龙”的经济腾飞；第三次是20世纪八九十年代的“中国奇迹”。其中，“中国奇迹”因其持续时间最长、增长速度最快、惠及人口最多而最令世人津津乐道。比如，诺贝尔经济学奖得主，美国经济学家约瑟夫·斯蒂格利茨评价说：“世界上还从未出现过如此大规模而又持久的经济增长。”2008年1月14日，何塞·雷诺索在西班牙《国家报》发表《中国试图消化自己的成就》一文指出：“中国的经济成就赢得了世界的钦佩，近28年来中国国内生产总值以每年9.7%的速度增长，大约4亿人脱离了贫困。”

与此同时，在美国前总统里根、英国前首相撒切尔夫人等西方政要运用新自由主义克服了始于20世纪70年代的资本主义“滞胀危机”后，西方资本主义势力以为找到了解决人类发展问题的“灵丹妙药”，于是乎，将新自由主义的主要观点鼓吹为“华盛顿共识”（即主张政府的角色最小化、快速私有化和自由化），在全球到处兜售。大多数拉丁美洲国家率先实验了“华盛顿共识”，比如，都进行了所谓经济结构调整，大力推行私有化、市场化、贸易自由化、金融自由化以及紧缩性的财政政策，其结果，造成这些国家对外依赖度过高、国家失去经济自主权、贫困人口激增和两极分化加剧等，不幸沦为“华盛顿共识”的第一个重灾区。20世纪90年代，“华盛顿共识”被广泛运用于俄罗斯等独联体国家和中东欧国家，以指导这些国家向市场经济转型。俄罗斯等国家依据“华盛顿共识”，推行以“全盘西化”为核心内容、以“休克疗法”为代表的经济转型，其结果，造成国有资产流失严重、大量资本外流、经济秩序混乱、贫困人口骤升等出乎西方经济学家预期的恶果，成为“华盛顿共识”的第二个重灾区。相反，在同样实行经济体制改革的中国，却取得了持续的经济增长与社会发展，以至于2004年年初俄罗斯进行议会选举时普京遭到部分议员的质问：为什么中国吸引的外资达到500多亿美元，而进入俄罗斯的外资远低于中国？普京的回答是："要向中国学习。"中国之所以保持长期的高速增长，取得了令全球瞩目的骄人成绩，根本原因是选择了科学社会主义，走出了一条具有中国特色的社会主义发展道路，而不是西方资本主义道路。

马克思说："人们自己创造自己的历史，但是他们并不是随心所欲地创造，并不是在他们自己选定的条件下创造，而是在直接碰到的、既定的、从过去承继下来的条件下创造。"① 国情就是这样一种既定的条件。中国奇迹的创造，离不开中国共产党和中国人民对历史方位的清醒认知。党的十八大指出，我国仍处于并将长期处于社会主义初级阶段的基本国情没有变，人民日益增长的物质文化需要同落后的社会生产之间的矛盾这一社会主要矛盾没有变，我国是世界上最大发展中国家的国际地位没有变。"三个没有变"告诉我们，在任何情况下都要牢牢把握社会主义初级阶段这个最大国情，在任何时候推进改革发展都要牢牢立足社会主义初级阶段这个最大实际，而不能从主观愿望出发，不能从不符合国情的教条和模式出发。中国道路就是在对中国社会历史方位清醒认知的基础上，对社会主义初级阶段这一最大国情的遵循。②

中国道路走到今天，我国生产力有了很大提高，各项事业有了很大进步。但总的说来，人口多、底子薄，地区发展不平衡，生产力不发达的状况没有根本改变，发展依然是第一要务，是硬道理。坚持中国道路就是要以经济建设为中心，大力发展社会主义市场经济，坚持以公有制为主体、多种所有制经济共同发展的基本经济制度，着力消除所有制结构不合理对生产力的羁绊；就是要调动全社会全民族的积极

① 《马克思恩格斯选集》第1卷，人民出版社1995年版，第585页。

② 辛鸣：《中国道路的时代必然性》，载《求是》2013年第20期。

性、创造性，营造各尽其能、各得其所、和谐相处的氛围和环境，在保证最广大人民根本利益的同时，促进现阶段群众的共同利益；就是要在以按劳分配为主体的同时，放手让一切劳动、知识、技术、管理和资本的活力竞相迸发，让一切创造社会财富的源泉充分涌流。

中国道路坚持开放的发展、合作的发展、共赢的发展，通过争取和平国际环境发展自己，又以自身发展维护和促进世界和平；坚持在国际关系中弘扬平等互信、包容互鉴、合作共赢的精神，共同维护国际公平正义；坚持要和平不要战争，要发展不要贫穷，要合作不要对抗，推动建设持久和平、共同繁荣的和谐世界等，这正是对时代潮流的自觉顺应，对时代主题的深刻洞察。所以党的十八大再一次重申“和平发展是中国特色社会主义的必然选择”。

中国道路是一条创新之路。中国道路是不断用新思想、新做法、新实践丰富和发展社会主义的开放创新之路。三十多年来的中国特色社会主义发展之路就是一条不断解放思想、与时俱进、开拓进取的创新之路。中国道路以创新的精神回答了“什么是社会主义、怎样建设社会主义”这一重大问题，通过揭示社会主义本质，确立社会主义初级阶段基本路线，开创了中国特色社会主义新局面；回答了“实现什么样的发展、怎样发展”这一重大问题，坚持以人为本、坚持全面协调可持续发展，把我们对中国特色社会主义规律的认识提高到新的水平。

马克思主义经典作家曾经指出，社会主义新社会，“通过社会生产，不仅可能保证一切社会成员有富足的和一天比一天充裕的物质生活，而且还可能保证他们的体力和智力获得充分的自由的发展和运用”。① 邓小平同志也多次对社会主义的本质做过深入探讨：“社会主义的本质，是解放生产力，发展生产力，消灭剥削，消除两极分化，最终达到共同富裕。”② 党的十八大更是明确提出夺取中国特色社会主义

① 《马克思恩格斯选集》第 3 卷，人民出版社 1995 年版，第 757 页。

② 《邓小平文选》第三卷，人民出版社 1993 年版，第 373 页。

新胜利的八项基本要求。中国共产党既坚持科学社会主义基本原则，又牢牢把握社会主义初级阶段这个最大的国情，始终坚持人民的主体地位，更加注重社会公平正义，使发展成果更多惠及全体人民，团结一切可以团结的力量，最大限度增加和谐因素等一系列体制机制和政策创新，走出了一条把理论原则变为真实社会状态的现实路径，即中国特色社会主义道路，并在这一发展过程中逐步形成了独特的“中国模式”。

“中国模式”的成功，引起了国内外舆论界和学术界的高度关注。世界银行副行长、世界银行首席经济学家林毅夫在1994年出版的《中国的奇迹：发展战略与经济改革》一书中，从中国发展和转型经验的视角探讨了中国模式，随即掀起国内外学术界对于“中国模式”研究的第一个高潮。十年后的2004年5月11日，英国著名思想库伦敦外交政策中心发表了美国《时代》周刊高级编辑、美国著名投资银行高盛公司资深顾问乔治亚·库珀·雷默撰写的题目为《北京共识》的文章。《北京共识》系统阐述了中国通过自己的艰苦奋斗、不断创新和大胆实践，逐渐摸索出一个适合本国国情的发展模式，并称之为“北京共识”或“中国模式”。随后，国内外学术界对于中国模式的研究进入一个高潮，一系列关于中国模式研究的论著或报告得以发表或出版。特别是2008年以后，我国由于受世界金融危机的影响没有欧美国家大，关于中国模式的研究更是受到了国内外学术界的格外关注。

何谓“中国模式”？中国模式作为一种社会发展模式，是社会主义的一种发展模式，是当代中国的社会主义发展模式。它不是西方模式的“移植”和“克隆”，而是对西方发展模式的突破与超越。中华人民共和国成立60多年来，如果从国家模式角度看，大体经历了两个阶段，既有教训也有经验。

第一阶段是改革开放前30年，是在重大挫折中取得重大成绩的时期。这一时期，中华人民共和国在满目疮痍、一穷二白的基础上搞革命和建设，先后经历了三年战后经济恢复时期、社会主义革命即三大改造完成时期和全面建设社会主义时期，其间，经历了大跃进、人民公社化运动、三年自然灾害和十年“文化大革命”，致使前30年的建设遭受重大挫折。前30年，以毛泽东为核心的第一代中央领导集体，以大无畏的精神，把一个积贫积弱的旧中国建设成为一个欣欣向荣的新中国，引导中国人民走上了社会主义道路，为改革开放新时期的发展奠定了坚实基础。但是，前30年由于党的指导思想上出现“左”的错误，加之对社会主义建设缺乏经验、对国际形势的判断出现失误，以至于遭受重大挫折。

第二阶段是改革开放后三十年，从1978年年底开始，中国成功地踏上改革开放之路。中国通过改革开放、“以经济建设为中心”，完成了计划经济向社会主义市场经济的国家发展模式转型，极大地提高了生产力，成为近年来全球经济中增长最快的国家。

中国模式是中华人民共和国成立特别是改革开放后，中国共产党领导全国各族人民在探索中国特色社会主义道路的过程中逐步形成的一整套政治、经济、科技、文化和社会较为协调发展的，符合中国国情的国家发展模式，是现代中国在数十年的现代化进程中摸索出的政治模式、经济模式、科技模式、文化模式、社会发展模式等子模式的综合和升华，是当代中国各级各类组织模式的抽象和概括。中国模式有区别于西方模式的8个显著特点，即实事求是、关注民生、稳定优先、渐进改革、顺序差异、混合经济、对外开放、政府得力。① 已故著名社会学家费孝通称，他多年研究得出一个结论：中华民族是“多元一体”的。这种看法符合系统唯物主义“多合为一”的事物结构法则。当代中国的国家形态，即中国模式具有“多元一体”特征。中国在改革开放的历史进程中，初步形成“多元一体”的国家发展模式，即“多元”组成“一体”，“主体”汇聚“多元”，相辅相成。

经过30多年的改革开放，中国逐步形成“四位一体”的体制模式。一是形成了“四主型经济制度”。即公有主体

① 张维为：《一个奇迹的剖析：中国模式及其意义》，《红旗文稿》2011年第6期。

型的多种类产权制度，在公有制为主体的前提下发展中外私有制经济；劳动主体型的多要素分配制度，即按劳分配为主体、多要素所有者凭产权参与分配，经济公平与经济效率呈现交互同向和并重关系；国家主导型的多结构市场制度，即多结构地发展市场体系，发挥市场的基础性配置资源的作用；自立主导型的多方位开放制度，即处理好引进资本技术与发展自主知识产权和高效利用本国资本的关系，实行内需为主并与外需相结合的经济交往关系。二是形成了“三者统一、四层制度”的政治架构。即坚持党的领导、人民当家作主、依法治国的有机统一，坚持和完善人民代表大会制度、中国共产党领导的多党合作和政治协商制度、民族区域自治制度以及基层群众自治制度，不断推进社会主义政治制度自我完善和发展。三是形成了“一个体系、两个主体”的文化格局。社会主义先进文化体现在构建和弘扬社会主义核心价值体系，文化发展始终坚持改革创新和科技进步，大力破除制约发展的体制性障碍，不断解放和发展文化生产力；在此基础上，文化建设形成“公有制为主体、民族文化为主体”的两主体格局。四是形成了“一个格局、三个互动、四个机制”的体制，即“健全党委领导、政府负责、社会协同、公众参与的社会管理格局”；建立政府调控机制同社会协调机制互联、政府行政功能同社会自治功能互补、政府管理力量同社会调节力量互动的社会管理网络，形成科学有效的利益协调机制、诉求表达机制、矛盾调处机制、权益保障机制。① 本书所论及的中国模式，主要是指中国特色的经济模式，集中体现为“四主型经济制度”。这与国际社会和学术界的界定是一致的，即把中国这种创造奇迹般的经济增长的改革开放方式、社会主义市场经济体制和自己独特的经济发展道路称作“中国经济模式”或“中国发展模式”。

总之，改革开放 36 年来中国创造的经济奇迹，首先，从根本上归功于中国共产党率领全国人民不懈探索解放和发展生产力、实现共同富裕的制度路径，创造性地建立了社会

---

① 程恩富：《中国模式：社会主义本质的中国实现形式》，载《中国社会科学报》2011 年 1 月 11 日。

主义市场经济体制，最终与中国的独特优势有机融合而形成了中国发展道路。其次，中国模式在促进本国经济、贸易和投资增长的同时，还促进了世界经济的增长和世界贸易的蓬勃发展，对推动国际资本流动起到了非常重要的作用。① 因此，全面深入地分析中国发展模式的形成过程和生成机理，对于深刻认识中国特色社会主义的理论精髓，深入理解中国发展道路选择的合理性，有着重要的历史意义和现实意义。

---

① 黄朗辉，刘冰：《中国经济发展对世界经济产生积极影响》，载《中国信息报》2005 年 12 月 27 日。

第一篇　中国奇迹篇

从20世纪70年代末至今的30多年间，中国经历了一场人类历史上波澜壮阔的伟大变革，取得了举世瞩目的巨大成就，国内生产总值由1978年的1 482亿美元上升到2013年的91 849多亿美元，人均国内生产总值由1978年的226美元上升到2013年的6 767美元，由低收入国家跃升至上中等收入国家，有220多种工业品产量居世界首位。从1978年到2013年，连续35年的时间，中国经济年均增速达9.8%，创造了人类经济发展史上的奇迹。中国奇迹不仅使中国崛起为世界第二的经济实体，更重塑了全球经济版图。中国奇迹之所以是奇迹，是因为很多人都没有预料到，或者没有找到任何理论，可以完美地解释其原因。什么是中国奇迹？中国奇迹的成因何在？中国奇迹带来怎样的影响？如何解读中国奇迹？当下已经成了理论界的顶级课题。

第1章 中国经济奇迹

1.1 中国经济持续高速增长

自1949年中华人民共和国成立，中国共产党人领导着中国人民为实现国家富强、人民富裕进行了一系列探索，为社会主义建设提供了宝贵的经验和教训。1978年后，以邓小平为首的共产党人领导中国人民进行改革开放，探索出一条适合中国国情的中国特色社会主义道路。

改革开放36年来，中国经济创造了史无前例的高速发展奇迹，实现了从低收入国家到中等偏上收入国家的历史性跨越。温家宝在德国访问时曾指出，“中国用30多年时间走过了发达国家上百年的工业化历程”。中国经济增长之快、延续时间之长、惠及面之广、人民生活水平提升之大，都前所未有。这些成就归根结底在于我们始终坚持具有中国特色的社会主义发展模式。只要我们坚定道路自信、理论自信、制度自信，坚定不移坚持中国特色社会主义，坚定不移推进改革开放，中华民族伟大复兴的中国梦终能实现。

1.1.1 国民经济快速发展

随着西方工业革命的进行，中国在近代不仅日渐落后于西方，而且逐步沦为他们的半殖民地。其结果是，中国经济在全球GDP中的比重直线下降至5%的历史低点，并且这种状况一直持续到1978年。①

改革开放以来，我国经济实现奇迹般的增长，我国的经济总量居世界位次稳步提升。我国的GDP总量由1978年的3 643.22亿元，上升到2012年的519 470.1亿元，中国平均国内生产总值增长率达到10%，高于日韩经济快速发展时期

① 金灿荣，王浩：《从多重视角看中国对世界经济的贡献》，载《当代世界》2014年第3期。

的增长率（详见图 1-1）。在 2011 年，中国经济总量达到 519 470.10亿美元，超过日本成为仅次于美国的世界第二大经济体。中国经济的持续高速发展，成为继“德国速度”、“美国速度”等之后周期最长的最高速度发展模式。

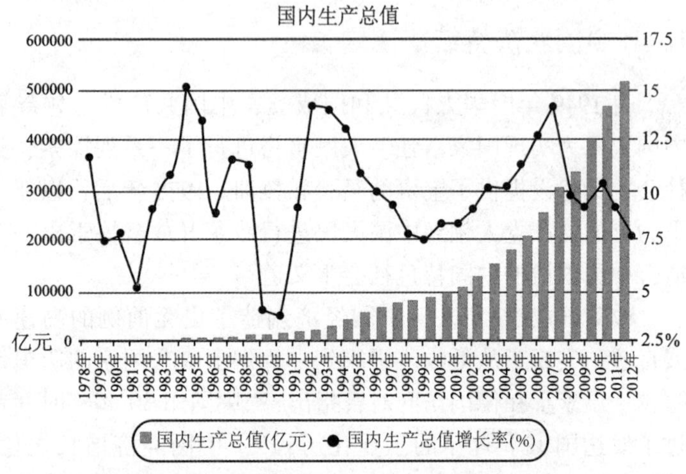

图 1-1　1978—2012 年国内生产总值

数据来源：中华人民共和国国家统计局数据库

“不积跬步无以至千里，不积小流无以成江海。”在持续 30 多年经济高速增长后，我国经济进入平稳发展阶段，但这并不表明中国在世界主要经济体中领跑者地位发生变化。2012 年和 2013 年连续两年，中国经济增速均为 7.7%，虽然明显降低，但从世界范围看，仍然是主要经济体中增长最快的，仅 2013 年中国经济对于全球经济增长贡献接近 30%。根据国家统计局数据，2013 年中国经济增速不仅大幅高于成熟发达经济体，也明显高于其他的金砖国家（印度为 4.7%、俄罗斯为 1.6%、巴西为 2.4% 和南非为 1.9%）。当前，中国的经济规模已稳居世界第二，作为发展中国家的中国在坚持发展中国特色社会主义市场经济的同时，对全球经济发展发挥了巨大的推动作用，已然成为世界经济复苏的重要一极。

1.1.2　产业结构日趋合理，重要工农业产品的产量跃居世界前列

在社会主义现代化建设的进程中，党中央和国务院高度重视工农业的发展，特别是工业的发展，在很长时间内坚持“农业支持工业”的发展思路。改革开放后，特别是进入 21 世纪以来，更加强调贯彻落实“以工促农、以城带乡”的思路。在社会转型、经济转轨的发展要求下，提出了“促进经济增长由主要依靠第二产业拉动向依靠第一、第二、第三产业协同带动转变”①，加快推进我国产业结构转型和升级，营造第一产业稳步发展，第二产业蓬勃发展，第三产业快速发展的良好态势。2013 年中国第三产业增加值占国内生产总值的比重提升到 46.1%，首次超过第二产业。随着综合国力的提升、国内居民收入水平的提高和生活质量的提升，中国第三产业进入了关键的发展机遇期，不仅对经济增长的贡献率趋于提高，而且有效提升制造业的价值链层级和竞争力。与此同时，进退并举调整产业结构，通过市场机制和强化环保、能耗、技术标准，淘汰过剩落后产能，加快培育和发展新一代移动通信、集成电路、大数据、先进制造、新能源、新材料等新兴产业，还开辟出新的产业发展空间，推动我国产业向全球价值链中高端跃升，增强对经济增长的支撑作用。②

我国在加快推进产业结构调整的同时，始终高度重视农业的发展。粮食安全是国家安全的重要保障，如何解决 13 亿人口的粮食问题是一个世界性难题，而解决这一问题，重点就在农业。同时，农业作为第一产业，是第二、第三产业的基础和保证；第二、第三产业的发展又为农业发展提供了支持和动力。改革开放以来，我国在保证工农业发展满足自身需要的同时，实现重要工农业产品的产量跃居世界前列。中华人民共和国成立初期，我国没有一种农产品产量达到世

---

① 《高举中国特色社会主义伟大旗帜，为夺取全面建设小康社会新胜利而奋斗》，载《人民日报》2007 年 10 月 25 日。

② 王一鸣：《我国保持中高速经济增长具有良好基础》，载《求是》2014 年第 6 期。

界第一，工业则更弱。经过几十年的不懈努力，我国主要农产品产量实现重大突破。新世纪以来，中国实现了农业发展的“黄金十年”，2013 年我国粮食总产量首次突破 6 亿吨大关，达6 019.35亿公斤，实现连续十年持续稳增长，创造了世界粮食生产史上的奇迹。同时，2013 年全年油料产量达3 531万吨，比上年增产 2.8%。糖料产量达13 759万吨，增产达 2.0%；茶叶产量达 193 万吨，增产 7.9%；全年水产品产量达6 172万吨，比上年增长 4.5%。其中，谷物、肉类、棉花、花生等产品产量已位居世界第一。

工业经济发展形势良好，科技创新带动生产力的提高。2013 年全部工业增加值达210 689亿元，比上年增长 7.6%；规模以上工业增加值增长 9.7%。2013 年，中国的年发电量达 4.8 万亿千瓦时，居世界第一位；装机容量达 10.6 亿千瓦，居世界第二位。钢、煤、化肥、糖等工业产品产量居世界第一位，其他主要产品产量的位次也明显提高。

1.1.3 综合经济实力明显增强

根据 2011 年 4 月国际货币基金组织公布的《世界经济展望》，2010 年我国国内生产总值（GDP）为58 783亿美元，首次超过日本的54 589亿美元，跃居世界第二位，即由 1978 年位居世界第十位跃居世界第二位，仅次于美国，此后，我国一直稳居世界次席。不仅如此，我国经济总量占世界经济的份额也呈上升之势，2013 年中国国内生产总值为90 386.6亿美元，占世界经济的份额为 15.6%（1978 年这一指标为 1.8%）；人均 GDP 则由 1978 年的 381 元提高到 2013 年的 6 747美元，使我国由低收入国家跃升至世界中等偏下收入国家行列；我国财力不断增强，国家财政收入由 1978 年的 1 132亿元增加到 2013 年的51 322亿元，为中国特色社会主义事业的发展提供了有力的财政保障。

我国综合经济实力的增强不仅体现在国内生产总值显著增加、国家财政收入大幅增加等方面，而且反映在中国的国际影响上。改革开放 30 多年来，按照联合国的统计，世界上 80% 左右的贫困是在我国消除的，我国成为世界消除贫困的成功“范例”。中国在实现经济增长的同时，加大了对于广大发展中国家的援助。根据 2011 年国务院发布的《中国的对外援助》白皮书介绍说，进入新世纪特别是 2004 年以来，在经济持续快速增长、综合国力不断增强的基础上，我国对外援助资金保持快速增长，2004 年到 2009 年平均年增长率为 29.4%。我国还以项目、技术等方式积极开展对外援助。

1.2 人民生活水平全面提高

在改革开放的推动下，中国城乡居民实现了从温饱不足向总体小康的历史性跨越，居民生活明显改善，财富迅速增加，实惠不断增多。特别是十六大以来，在保障和改善民生的政策指导下，全国人民生活明显改善，人民群众享有的公共服务水平明显提高，切实实现了改革发展成果由全体人民共享。

1.2.1 城乡居民收入快速增长

社会主义市场经济的建立和完善，改变了以往僵化的计划经济体制，盘活了中国市场，在中国经济持续高速增长的推动下，城乡居民收入快速增长。根据国家统计局公布的 2013 年国民经济运行情况，全年城镇居民人均总收入29 547元，明显高于 1978 年的 343.4 元；农村居民人均纯收入 8 896元，显著高于 1978 年的 133.6 元。从增长弹性看，2013 年，国内生产总值实际增长 7.7%，城镇居民人均可支配收入实际增长 7.0%，城镇居民收入弹性为 0.91，高于 1979—2012 年的平均弹性 0.76，即国内生产总值每增长 1%，城镇居民人均可支配收入相应增长 0.76%。此外，城乡居民的收入来源渠道更加多元化，收入结构也明显优化。例如，农村居民除了家庭经营收入外，还包括劳务性工资收入和政府的财政补贴，货币收入率不断提高；城镇居民以工薪收入为主，并辅以经营净收入和财产性收入，且各部分都在大幅提高。在后金融危机时代，全球经济持续低迷，经济增长仍然需要投资、消费、出口这“三驾马车”的协调拉动，我国政府根据本国国情，制定了扩大内需、刺激消费、实现经济稳增长的政策和方针。扩大国内需求作为我国必须长期坚持的战略方针，更是当前应对国际金融危机和经济下滑，实现保增长目标的根本途径。居民收入的增长、财富的积累，均为刺激消费、推动经济增长提供了资金保障。

1.2.2 居民消费结构明显改善

改革开放以来，我国城乡居民消费结构明显优化，恩格尔系数显著下降，发展和享受型消费比重不断上升。改革开放初期，城镇居民恩格尔系数都在57%以上，2013年中国农村居民恩格尔系数为37.7%，城镇居民恩格尔系数为35.0%，成绩显著。在可支配收入和消费方面，2013年城乡居民人均可支配收入实际增长8.1%，高于经济增速0.4个百分点，加之服务消费与信息消费等新兴增长点和新型消费业态不断形成，为拓展消费需求创造了条件。2013年全年旅客运输总量达402亿人次，旅客运输周转量达36 036亿人公里，增长7.9%。随着社会经济的发展和人民生活条件的改善，居民的消费结构发生了明显变化。过去，居民收入更多的投入到生产生活中，满足自身生存的需要；现今，居民更加追求生活质量的提高，发展和享受型消费比重上升，居民用于医疗保健和主要耐用消费品方面的支出也进一步增加。居民生活水平的提高，居民家庭服务社会化明显，服务性消费需求不断上升。居民消费结构的调整和改善，时时刻刻体现在居民的正常生活中。这种转变，拉动了第三产业的快速发展，带动了产业结构的优化升级，推动了中国经济的增长。

1.2.3 居住条件和生活情况逐步改善

改革开放以来，我国政府不断加强关乎民生问题的社会建设，我国居民居住状况已发生天翻地覆的变化，居住条件和居住环境得到明显的改善。2012年，城镇居民人均住宅建筑面积达32.9平方米，比1978年增加26.2平方米；农村居民人均住房面积达37.1平方米，增加29.0平方米。20世纪90年代的住房制度改革，摒弃了计划经济体制下的福利分房政策，实行货币化、商品化的住房政策，建立市场配置和政府保障相结合的住房制度。住房的市场化极大地推动了房地产业的发展，住房建设很快成为我国经济新的增长点。与此同时，我国政府高度重视“住有所居”的现实情况，进一步加快建立和完善适合我国国情的住房保障制度，廉租房、经济适用房等保障房建设解决了大批住房困难群众的住房问题。

覆盖城乡居民的社会保障体系和最低生活保障制度建设也取得突破性进展，初步形成以社会保险为主体，包括社会救助、社会福利、优抚安置、住房保障和社会慈善事业在内的社会保障制度框架。实现了社会保障建设从城乡扩大覆盖到农村，从城镇职工覆盖到城镇居民、覆盖到农民工的社会保障体系。2013 年年末，全国城镇职工基本养老、城乡居民社会养老、城镇基本医疗、失业、工伤、生育保险基金参保人数分别达到32 212万人、49 750万人、57 322万人、16 417万人、19 897万人、16 397万人。社会保障覆盖面进一步扩大，各项社会保险制度日趋完善，社会保障待遇政策继续落实，社会保障管理服务不断强化。社会保障体系的建立和完善为中国经济的发展创造了宽松的社会环境。

1.3 科技创新取得巨大成就

科学技术是第一生产力。改革开放以来，中国取得了一系列举世瞩目的科研成果，有力地推进了高技术产业发展。2012 年，我国科技经费投入继续保持稳定增长，国家财政科技支出稳步增加。全社会研究与试验发展经费投入首次突破万亿元大关，投入强度（R&D 经费投入与国内生产总值之比）再创历史新高。我国研究与试验发展经费投入总量目前位居世界第三，经费投入强度在新兴发展国家中居领先地位，与发达国家的差距正在逐步缩小，我国科技投入大国地位进一步巩固。① 我国的科技事业蓬勃发展，科技实力持续增强。企业在科技活动中的主体地位日益显现，极大地推动着科技进步和经济发展；基础研究工作的加强、原创能力的不断提升，使我国的研究发展持续处于比较活跃的创新阶

① 朱剑红：《我国科技研发经费首次突破一万亿元》，载《人民日报》2013 年 9 月 27 日。

段；高技术产业快速发展，增强了我国的国际竞争力。

1.3.1 企业在科技活动中的主体地位日益显现

推进和完善国家创新体系建设不仅是我国科技事业发展的必然要求，也是深化科技体制改革的目标之一。近年来，国家创新体系建设进展顺利，尤其是企业在技术创新中的主体地位越来越稳固，对科技进步和经济发展的推动作用愈发明显。2013 年研究与试验发展（R&D）经费支出11 906亿元，比上年增长 15.6%，占国内生产总值的 2.09%，其中基础研究经费达569 亿元。全年国家新兴产业创投计划累计支持设立 141 家创业投资企业，资金总规模近 390 亿元，投资了创业企业 422 家。以建立企业技术中心为主要形式的企业技术创新体系建设不断加强，国家重点企业中的工业企业基本建立了企业技术中心。截至 2013 年 12 月，我国国家认定的企业技术中心虽然数量占全国大型工业企业的 9.4%，但多项创新指标均占半数以上。国家设立科技型中小企业技术创新基金，为营造有利于科技型中小企业创新和发展的良好环境发挥了积极的作用。

中国始终坚持中国特色社会主义发展道路，坚持发挥市场在资源配置中的基础性作用（十八届三中全会转变为“发挥市场在资源配置中的决定性作用”）。中国独特的发展方式决定了在科技创新方面需要发挥政府、公有企业和非公企业的多重作用，特别是在技术创新方面，更需要非公企业起到推动器的作用。虽然在资金、技术、人才等方面非公企业和国有企业仍有巨大差距，但科技创新需要它们提供开阔的视野和思路，在一定程度上为更深程度的科技开发创造条件。

1.3.2 基础研究工作的加强、原创能力的提升极大地促进了整个社会经济的持续发展

基础研究是科学技术发展的根基，对整个社会经济的持续发展具有深远的影响。过去三十多年，我国基础研究得到长足发展并进入跃升期，由量的扩张实现了质的提升，在某些领域更是处于世界前列。技术进步和人力资本逐步提升，对经济增长的贡献增大，因此我国对基础研究的扶持力度不

断加大，基础研究经费也在同步增长。2006—2012 年，我国全社会研究与实验发展经费总支出，从3 003. 1亿元增加到10 298. 4亿元，以年均22. 7%的幅度快速增长。全社会基础研究经费总支出，从155. 8 亿元增加到498. 8 亿元，年均增长21. 1%。2013 年研发经费支出11 906亿元，比上年增长15. 6%，占国内生产总值比重达到2. 09%。我国产学研合作有所加强，维权意识提升，专利申请数和授权数大幅增长，是国家创新体系建设的重要体现。

我国原始创新能力迅速提升，在杂交水稻、高性能计算机、高温超导研究、人类基因组测序等方面都取得了重大突破，并涌现出了一系列具有原创性和广泛社会影响的研究成果。纳米科学、量子信息、生命科学等前沿领域的一批原始性创新成果在国际上产生了重要影响；重大疾病防治及创新药物发现、矿产资源勘探开发、节能减排、气候变化预测等重点战略需求领域的一批创新成果为经济社会可持续发展作出了重要贡献；化工、钢铁、铝材、聚合物材料、水泥、油气勘探开发等行业中的一些关键科学问题的解决取得了显著的经济和社会效益。① 今后一个时期，随着研发投入的增加，科技创新能力特别是企业技术创新能力稳步提高，加之人力资本条件随着各级政府和家庭教育投入较快增长而明显改善，可以进一步提高科技进步和人力资本对经济增长的贡献，将为经济增长注入新的动力。

1. 3. 3　高技术产业快速发展，国际竞争力日益增强

始终坚持走中国特色自主创新道路，不断在攻坚克难中追求卓越，在创新驱动中力求发展转变，高技术产业取得惊人成就。为跟踪世界高科技发展前沿，我国自 1986 年开始实施国家高技术研究发展计划（简称863 计划，下同）。863 计划的顺利实施，使我国在高性能计算机研制、微电子装

① 《新中国60 年：科技实力明显增强　科技创新硕果累累》，来源：中国统计局 . http://www. gov. cn/gzdt/2009-09/25/content _ 1426194. htm，2009 年9 月25 日。

备、能源技术、生物和现代农业、新材料等领域取得一批标志性的成果，掌握一批重大的关键技术和产业核心技术，培育出一批新兴产业的生长点，培养和凝聚了一批高技术创新型人才和团队，为我国高技术研发的持续发展奠定了基础。① 不仅如此，我国在航天、核电等一批关键技术领域取得重大进展，特别是近年来中国自主研发的高速铁路正式运营，向世界展现了一个具有强劲科技实力和巨大发展潜力的东方大国。随着生产要素成本上升和市场竞争加剧，倒逼企业增大研发投入，加快技术进步和设备更新，带动了劳动生产率不断提升，更好地发挥了创新驱动对经济的促进作用。

高新技术产业的快速发展带动了我国经济的发展。初步统计，2013 年 1—11 月，我国高技术制造业增加值累计增长 11.7%，较全国规模以上工业增加值增速高出 2.0 个百分点；我国高技术产业出口交货值为44 236.1亿元，同比增长 5.6%，较全国规模以上工业出口交货值增速高出 1.0 个百分点；高技术制造业累计完成投资13 419.83亿元，同比增长 21.6%，较全国规模以上工业投资增速高出 3.0 个百分点。②

高新技术产业开发区建设得到推进。截至 2014 年 1 月，由国务院批准的国家级高新区共有 114 家。国家级高新区已经成为全国经济的重要部分，2012 年，105 个国家级高新区的总收入已经超过 16 万亿元，工业增加值占全国工业增加值的 13.6%。国家级高新区产业结构逐渐优化，创新资源日益丰富，战略地位不断提高。高新技术园区和经济技术开发区已经成为我国高技术产业的重要集聚地。

当今世界已经不再是简单的比拼军事实力、经济实力的时代，而是比拼科技创新的时代。高新技术的发展决定了一个国家的综合国力的提升。“十二五”规划明确提出，提高制造业的核心竞争力，坚持推动科技进步和创新，提高创新

---

① 《新中国 60 年：科技实力明显增强　科技创新硕果累累》，来源：中国统计局 http://www.gov.cn/gzdt/2009-09/25/content_1426194.htm，2009 年 9 月 25 日。

② 中华人民共和国国家统计局数据库：http://data.stats.gov.cn/。

驱动能力，继续推进科教兴国和人才强国，将是未来我国发展的主要任务。①

1.4　对外开放成效显著

中国三十多年的经济飞速发展与全球化相互推动、相得益彰。早在1984年10月，邓小平就明确指出："关起门来搞建设是不能成功的，中国的发展离不开世界。"② 他强调指出，对内经济搞活，对外经济开放，不是短期的政策，而是长期的政策，即使是变，也只能变得更加开放。对外开放，是我国实现社会主义现代化的一项长期的基本国策，是建设中国特色社会主义的历史性选择。从经济特区—沿海开放—经济开发区—沿江、内陆、沿边城市的推进，我国逐渐形成"全方位，宽领域，多层次"的对外开放格局。在经济全球化和我国的对外开放背景下，我国牢牢抓住全球产业重新布局的机遇，推动内陆贸易、投资、技术创新协调发展，以开放促改革，构建开放型经济新体制。我国商品贸易出口领跑世界，培育参与和引领国际经济合作竞争新优势，对世界经济稳定和发展具有极大贡献。

1.4.1　全方位对外开放格局的形成

改革开放前，我国对外贸易规模小、贸易伙伴少、贸易方式单一。1979年党中央国务院决定对广东、福建两省的对外经济活动实行特殊政策和优惠措施，1980年设立深圳、珠海、汕头、厦门4个经济特区，标志着中国的对外开放格局开始形成。20世纪80年代中期至90年代初，对外开放的范围由特区逐步扩大到了沿海、沿江、沿边地区，初步形成从沿海向内地推进的格局。1992年相继开放沿江城市和三峡库区、边境和沿海地区省会城市、沿边城市，开放太原等11个内陆省会城市。随后几年，又陆续开放了一大批符合条件的内陆县市。2001年12月，我国加入世界贸易组织

---

① 《中共中央关于制定国民经济和社会发展第十二个五年规划的建议》，载《求是》2010年第22期。

② 《邓小平文选》第三卷，人民出版社1993年版，第78页。

(WTO)，原区域性推进的对外开放转变为全方位的对外开放，我国的对外开放进入了全新的发展阶段。至此，一个从沿海到内地、由南向北、自东向西、全方位对外开放的区域格局基本形成。在改革开放中，我国实施互利共赢的开放战略，大幅提高利用国际国内两个市场、两种资源的水平，积极参与国际分工与合作。对外开放从局部地区向全国推进，从商品贸易向投资和服务贸易推进，逐渐形成全方位、宽领域、多层次的对外开放格局，开放型经济水平不断提升。

2013 年 8 月 22 日，中国（上海）自由贸易试验区经国务院正式批准设立，范围涵盖上海市外高桥保税区（核心）、外高桥保税物流园区、洋山保税港区和上海浦东机场综合保税区 4 个海关特殊监管区域。伴随上海自由贸易试验区的建立，中国企业能够运用自由贸易试验区的信息、物流和贸易的带动作用，通过封闭的国家高速公路网、高铁网络、铁路网、航空物流网络辐射，带动中部地区的经济发展。在中国（上海）自由贸易试验区，加快沿边开放步伐，允许沿边重点口岸、边境城市、经济合作区在人员往来、加工物流、旅游等方面实行特殊方式和政策。建立开发性金融机构，加快同周边国家和区域基础设施互联互通建设，推进丝绸之路经济带、海上丝绸之路建设，形成全方位开放新格局。① 同时，中国加强与国际的接轨，作为成员国在亚太经合组织、上海合作组织等国际组织中发挥重要作用，加强与东盟等区域组织的交流与合作。这不仅对中国经济产生了深远影响，更是对世界经济的发展起到了举足轻重的作用。

1.4.2 中国商品贸易出口领跑世界

1978 年以来，中国对外贸易发展迅速，尤其是加入 WTO 以后，更是呈现出加速发展势头。2009 年的出口额达 12 016.6亿美元，贸易总量占全球总量的近 10%，超过德国 746 亿美元，成为第一大出口国。中国在全球的经济地位显著提升，对全球经济增长的贡献和影响力明显提高。从 2009

---

① 《中共中央关于全面深化改革若干重大问题的决定》，载《人民日报》2013 年 11 月 16 日。

年至 2011 年，中国连续三年对外贸易额位居全球第二。2013 年，我国进出口总值 25.83 万亿元人民币（折合 4.16 万亿美元），扣除汇率因素同比增长 7.6%，比 2012 年提高 1.4 个百分点，年度进出口总值首次突破 4 万亿美元的关口。其中，出口 13.72 万亿元人民币（折合 2.21 万亿美元），增长 7.9%；进口 12.11 万亿元人民币（折合 1.95 万亿美元），增长 7.3%；贸易顺差 1.61 万亿元人民币（折合2 597.5亿美元），扩大 12.8%。2013 年中国进出口贸易总额首次突破 4 万亿美元这一历史性关头，高达 4.16 万亿美元，取代美国成为全球最大贸易国，而且未来几年中美贸易总额的差距存在继续拉大的空间。① 我国作为“世界工厂”影响着世界，“中国制造”逐渐被世界人民接受和认可，我国正通过其强大的制造业影响着世界人民的生活，推动世界经济的复苏和发展。

1.4.3　中国的改革开放对维持世界经济秩序、促进全球经济发展作出了贡献

改革开放以来，我国对世界经济的整体稳定作出了极为显著和举世公认的贡献。在 1997 年东南亚金融危机、2008 年美国次贷危机等关键时刻，我国作为一个负责任的大国，认真履行国际义务，维持了世界经济秩序的稳定，促进了地区和全球经济的稳定和恢复。自 20 世纪 70 年代末以来，中国对维护和繁荣世界经济体系所作的贡献主要体现为：积极参与全球和地区性经济合作组织，并致力于推动实现互利共赢和解决全球性经济问题。特别是新世纪以来，我国先后成功地加入世界贸易组织、举办亚太经合组织领导人峰会、推进中国—东盟自贸区以及中日韩自贸区建设，并通过二十国集团（G20）等国际经济合作组织推动全球经济金融体系的改革等。显然，我国经济早已与世界经济体系密不可分，中国已经成为全球经济的最重要参与者和改革者之一。

中国对世界经济发展的贡献也十分突出。在世界上，中国是 70 多个国家最大的贸易伙伴，100 多个国家主要的贸易

① 中华人民共和国国家统计局数据库 http://data.stats.gov.cn/。

伙伴。根据著名经济学家、前世界银行高级副行长林毅夫的计算，1980—2010年，中国对世界经济增长的拉动效应日益显著，已成为全球经济增长最大的“发动机”。1978年我国经济总量仅占世界经济总量份额的1.8%，到2013年占全球经济总量的比重超过12%。每当国际金融危机爆发时，我国便成为带动世界经济复苏的重要引擎，对世界经济增长的年均贡献率均超过20%。事实一再表明，我国作为发展中国家和新兴经济体，成为成熟经济体外的独特力量，成为推动全球经济复苏的重要一极。

可见，自20世纪70年代末以来，中国通过对内改革、对外开放，不仅成为世界经济体系的重要参与者和改革者，而且成为自由贸易制度的有力捍卫者和现行国际体系的积极维护者，对世界经济体系的稳定和繁荣提供了坚实的保障。

第2章　世界经济版图的巨大变化

2.1　“中国制造”誉满全球

伴随着改革开放30多年的经济高速发展，中国成为世界上不断创造经济奇迹的制造大国。“中国制造”、“中国已经成为世界工厂”越来越被世界人民接受和认可。

2.1.1　世界人民离不开“中国制造”

“中国制造”影响范围广，涉及全世界半数以上的国家，千余种不同类别的产品。目前，全世界70%的牙刷来自中国，全世界每四双袜子就有一双是中国生产的，全世界七成的玩具是中国制造的，全世界绝大部分微波炉也都是中国生产的。同样，在纺织和服装方面，世界消费者也早已离不开“中国制造”为他们带来的便利：物美价廉的中国纺织品和低廉的服装加工费用，让消费者可以享受国内昂贵的劳动力所无法带来的低价。跨国公司作为经济全球化的载体，也时刻向世界提醒着“中国制造”的地位。美国通用汽车和戴尔电脑，韩国的三星电子，日本的凌志汽车，都将主要的制造厂设在中国大陆。“中国制造”影响波及世界每一个角落，“中国制造”就是“世界制造”。

“中国制造”影响深远，已进入世界各国千家万户的生活里。美国记者萨拉·邦焦尔尼根据自身经历在《基督科学箴言报》上发表《离开“中国制造”一年》。这篇文章极具代表性地反映“中国制造”与一个普通美国公民生活的水乳交融。2004年的圣诞节，萨拉惊讶地发现39件圣诞礼物中，中国制造的就有25件，于是她突发奇想：是不是“中国制造”真的已经深入美国人的生活了？何不从2005年1月1日开始，带领全家体验一年没有“中国制造”的生活？其间，萨拉一家的生活出现了诸多不便，因为“中国制造”已经渗透到美国社会的每一个细小的毛孔：“我不能怪凯文撞上了中国，最近几天，我也连续碰到了中国的东西。我发现杂货店的九折柜上放着芭比形状的中国巧克力；J. Crew 的邮购清单上卖起了中国婚纱；商店里假日货品柜上所有塑料复活节彩蛋和布娃娃兔子都贴着中国制造的标签。”① 结果可想而知。2006 年元旦，萨拉一家如释重负地和“中国制造”握手言和了，当年经历的不便与艰难恐怕也只有真正体验过的萨拉一家才会知道。

这个故事以一种平实的方式向人们展示“中国制造”强大的适应能力和渗透能力——就好比空气，人们置身于其中，自然感觉不到“中国制造”的存在，离开“中国制造”之后方才感到无法存活。

2.1.2　“中国制造”推动了世界经济增长

“中国制造”的崛起，是世界经济崛起的重要组成部分。2001 年年底加入世界贸易组织以来，我国在继续保持快速经济增长的同时，市场化程度、经济开放程度不断提高，目前已成为世界第二大经济体和第一大贸易国，是全球经济增长的重要发动机。早在 2007 年 7 月 25 日，国际货币基金组织发布的《世界经济展望》和《全球金融稳定报告》对有关内容进行了调整和更新，比如，在将 2007 年和 2008 年世界经济增长率上调 0.3 个百分点的同时，亦指出中国经济仅占世界经济总量的 4%（按购买力平价计算是 15%），但对世界经济增长的贡献则接近 1/3，远远超过作为世界第一大经济体的美国（此时中国仅为世界第四大经济体和第三大贸易国）的贡献。1978 年我国经济总量占世界总量的份额为 1.8%，到 2013 年占全球经济总量的比重超过 12%。② 特别是国际金融危机爆发后，中国成为带动世界经济复苏的重要引擎，对世界经济增长的年均贡献率均超过 20%。而中国制造业的强势正是中国经济增长的重要因素。

中国制造的强大生产能力，以及中国市场占有世界市场

---

① 萨拉·邦焦尔尼：《离开“中国制造”的一年》，机械工业出版社 2008 年版，第 27 页。

② 余斌，任泽平：《国研中心：中国经济已占全球经济总量 12% 以上》，载《人民日报》2014 年 3 月 10 日。

的较大份额，中国已然成为众多国家的主要贸易伙伴，中国经济增长带动了国际贸易的发展，进而拉动整个世界经济的迅速增长。此外，中国生产自己具有比较优势的劳动密集型商品，并将其出口参与国际贸易，也丰富了世界各国消费者的消费可能性。

2.1.3　“中国制造”为西方社会带来福利

20 世纪末，随着社会经济条件的变化，发达经济体内在的产业结构调整，令不少企业步履维艰，而中国融入世界经济的热情、不断完善的投资环境、劳动力资源的提升，为这些企业带来了难得的双赢机遇，焕发了它们的第二春，同时，也成为中国经济和世界经济的联系纽带。在中国制造的进出口贸易中，50% 以上是加工贸易，58% 以上的产品是由外资企业出口的，它们都是按照外国订货商的要求和国际标准生产的。在全球经济一体化的今天，中国不仅有国有企业、民营企业，还有外资企业，可以说这些企业共同打造了“中国制造”、“中国品牌”。从这个意义上来说，“中国制造”就是世界制造。

“中国制造”不仅为西方企业创造了第二春，而且为世界各国转移了国内诸如就业等社会问题和矛盾。中国作为世界首屈一指的贸易进出口大国，为世界经贸的发展作出了突出贡献。2000—2012 年，中国对世界出口额增量的贡献率为 15%，进口额增量的贡献率为 11.86%，而美国分别只有 6.63% 和 8.53%。2000—2013 年，中国从欧盟和美国进口商品总额累计达到 2.57 万亿美元。按照每 100 亿美元出口可以创造 10 万个就业机会计算，中国在此期间的进口为欧美各国直接创造了约 2 570 万个就业机会。① 以中美双边贸易为例，目前，中美互为第二大贸易伙伴，2011 年双边贸易额达 4 466 亿美元，是两国刚建交时的 180 倍。2011 年，中国从美国进口首次超过了 1 000 亿美元，达到 1 222 亿美元，同比上升了 20%。2013 年中美双边货物贸易额已经达到创

---

① 周小苑：《中国仍是全球增长巨大正能量》，载《人民日报海外版》2014 年 4 月 14 日。

纪录的 5 210 亿美元，同比增长 7.5%。① 中国已经连续 11 年成为美国增长最快的出口市场。这些数据表明，“中国制造”已成为带动美国经济增长和就业增长的重要因素，中美经贸合作给两国人民带来了实实在在的好处，中美经贸合作是一个互利双赢的过程。

2.1.4 用“中国创造”提升“中国制造”

长期以来，在外国人的眼中，中国就是一座为全球公司生产和加工产品的“世界工厂”，贴着“中国制造”标签的产品从这里流通到世界各地，却缺少本国的自主创新和产品优势。金融危机爆发以来，主要发达国家美国、欧盟、日本，已经提出“再制造业化”，即“重振制造业”。发达国家对于制造业的发展，更多将重点放在现代信息技术和高端制造业的结合上。美国更是力图五年内出口翻番，使美国成为第一出口大国。西方社会制造业的革新为我国制造业的发展敲响了警钟。“十二五”规划明确提出，提高制造业的核心竞争力，坚持推动科技进步和创新，将是未来我国经济发展的主要任务②。

对于中国制造业而言，实现由“中国制造”向“中国创造”的转变，已是时不我待。两者虽然只有一字之差，却是天壤之别，“中国制造”核心在加工，“中国创造”的核心在信息技术。我们需要认识到，“中国制造”是“中国创造”的基础，“中国创造”为“中国制造”提出了新的时代要求。如果没有“中国制造”的产业基础、配套体系、优化格局，“中国创造”只能是乌托邦式的空想；“中国创造”最终要落实于“中国制造”，切切实实地为中国制造业注入新的活力，推动中国制造业紧跟时代发展、科技发展的潮流。中国的企业要坚持走自主品牌道路，合理引进外资和技术，坚持外资、技术和自主创新的有机统一，大力培养高精

---

① 《中华人民共和国 2013 年国民经济和社会发展统计公报》，中华人民共和国国家统计局 http://qzwb.com/gb/content/2014-02/24/content_4796574.htm，2014 年 2 月 24 日。

② 《中共中央关于制定国民经济和社会发展第十二个五年规划的建议》，载《求是》2010 年第 22 期。

尖技术人才，实现研发技术、知识产权的本土化，真正地实现“中国创造”。

2.2　中国成为全球消除贫困的成功“范例”

贫困问题一直是一个世界性的难题。作为最大的发展中国家，中国一直致力于反贫困事业，解决了 13 亿人口的温饱问题，贫困人口数量大幅减少，取得举世瞩目的减贫成效，扭转了世界贫困人口上升的态势，为世界减贫事业作出了重要贡献。早在 2004 年上海全球扶贫大会上，很多发展中及转型国家就提出，希望能够学习借鉴中国消除贫困的经验，增强自身扶贫、减贫的能力。中国国际扶贫中心的正式建立，标志着我国参与世界扶贫事业进入了新阶段。

中国的扶贫开发不仅表现在贫困人口减少和贫困地区加快发展上，更重要的是成功探索了一条符合中国国情的扶贫开发道路，① 实际上是一条“政府主导、社会参与、自力更生、开发扶贫”的中国扶贫道路。在过去的 30 多年中，中国未解决温饱问题的贫困人口从 2.5 亿人减少到1 400多万人，贫困发生率由 30% 降至 1% 左右。在扶贫标准上，我国在 2007 年以前的扶贫标准为低收入标准，2008 年绝对贫困标准和低收入标准合一，统一使用 1 067 元作为扶贫标准，之后该标准逐步上调至 2 300 元。在贫困人口方面，根据国家统计局发布的数据，仅在扶贫标准为 2 300 元的 2011—2013 年，我国贫困人口由12 238万人降至8 249万人。扶贫标准的设定合理化、扶贫范围的深度和广度的扩大化等表现彰显了我国对于扶贫工作认识和实践的不断深化。

联合国和国际有关组织认为，在消除贫困方面，中国政府作出了巨大努力，是发展中国家的典范。据世界银行估计，中国在 1980—1990 年贫困人口减少了 1.67 亿人，这一时期全世界（除中国之外）贫困人口数减少了9 830万人，对世界（主要是发展中地区）的减贫贡献率是 166.9%；在 1990—1999 年中国贫困人口减少了 1.15 亿，对世界的减贫

---

① 范小建：《60 年：一场消除贫苦的攻坚战》，载《老区建设》2009 年第 23 期。

贡献率是 122.8%。世界银行同时还预测，到 2015 年，中国的贫困人口将减少到7 400万人；中国的贫困人口占世界贫困人口的总数比重下降到 9.1%。①

中国反贫困的世界意义在于：首先，中国反贫困的成功就是对世界减贫事业的重要贡献。中国曾经是世界上贫困人口最多的国家，而在过去的 30 多年里，中国贫困人口骤减，创造了人类减贫史上的奇迹。一个拥有 13 亿人口的大国解决了贫困问题，本身就是对世界减贫事业的重要贡献。其次，有利于中国更好地支持世界减贫。一方面，不能不承认，中国在摆脱贫困的历史进程中，得到了包括资金、技术等在内的国际援助。中国在实现了反贫困的初步胜利后，有了更多的实力支援亚非拉等发展中国家的减贫事业。另一方面，“中国模式”也为世界提供了反贫困的经验。中国在积极谋求通过一些国际合作组织，向其他发展中国家介绍扶贫经验，提供资金、技术支持，扩大和加强发展中国家的贸易往来。邓小平就曾说过，我们的改革不仅在中国，而且在世界范围内也是一种试验，我们相信会成功。如果成功了，可以对世界上的社会主义事业和不发达国家的发展提供某些经验。巴基斯坦前总理基拉尼称：“中国在推进国家经济体制改革方面走在发展中国家的前面，中国不是盲目地照搬外国经验，而是根据自己国家经济发展的特点，将外国的经验与本国的实际相结合，创造出具有中国特色而且行之有效的中国经济模式。讲到国家稳定，我们非常羡慕中国，中国为发展中国家提供了范例。中国领导人致力于通过提高人民生活水平、改善人民生活条件、加快经济发展速度等积极的方法，来促进社会稳定和进步。中国之所以能长期保持繁荣，是因为中国政局和社会的长期稳定，而中国的长期稳定又受益于中国的经济繁荣，使得整个中国社会发展呈现良性循环，这就是成功的中国模式。”美国卡特中心中国项目主任、佐治亚帕里米特学院刘亚伟教授在讨论中国模式问题时认为，“中国模式”在发展中国家可能魅力无穷。

---

① 胡鞍钢，门洪华：《中国对全球经贸增长的贡献》，载《学习时报》2006 年 6 月 19 日。

中国制造业的快速发展使中国成为“世界工厂”，将中国广大地区特别是农村地区的劳动力资源纳入市场体系，为提高收入、解决贫困创造了条件；同时，制造业的发展又带动了相关经济体的产业结构、技术等的调整和升级，促进了贫困人口脱贫致富。我国制造业的发展经验是广大亚非拉发展中国家应该学习和借鉴的。近年来，随着中国经济实力和科技实力的提升，土地价格的高涨，引进外资政策的转变，最重要的是国内劳动力价格的上升，许多跨国企业开始将劳动力密集型产业转移到劳动力更为廉价的东南亚、拉美等地区，从而为发展中国家解决贫困、实现经济发展带来机遇和挑战。

我国以一个负责的大国身份履行着自己的国际义务，始终坚持和平发展的道路，坚持发展依靠自身的长期积累，坚信“强国必霸不适用中国”，在国际社会上积极推动经济合作和交流，为世界减贫事业贡献自己的力量，促进世界经济的稳定和发展。

2.3　中国成为全球经济复苏的重要引擎

改革开放 30 多年来，中国经济以年均 9.9% 的增速成为世界上经济增长速度最快的经济体之一，创造了经济史上的“中国奇迹”，成为推动世界经济发展的重要引擎。2008 年，始于美国的金融危机席卷全球，西方发达国家经济严重衰退，欧洲各国陷入债务危机，世界经济不升反降。正是在这样的国际背景下，中国政府总结国内外应对危机的经验和教训，立足于本国国情，坚持走“中国道路”，开创“中国模式”，采取了诸多政策和措施（例如 2008 年 4 万亿元投资计划）刺激经济，实现了国内经济的平稳增长，为世界经济增长作出了巨大贡献，为拉动其他国家摆脱危机提供了机遇，中国成为全球经济复苏的重要引擎。

2.3.1　中国道路实现经济的稳增长

2008 年金融危机的爆发将世界拉入了经济衰退的泥沼，随之而来的欧洲债务危机更是将西方社会搞得苦不堪言。美国的主权债务负债问题严重，导致美国将危机向国外转嫁，世界经济势必会受其影响；欧盟成员国债务问题严重，国家信用评级一降再降，冰岛破产，欧盟经济复苏措施难以落实。世界经济增长在2000—2007年年均为4.22%，而在2008—2012年年均为1.7%，甚至在2009年出现了负增长的现象。如何实现经济的稳步增长成为世界经济的头号难题。

与此同时，中国经济进入一个“保增长、调结构、增效益”三者相统一的新阶段。特别是2009年中国经济增长率仍保持在8.7%的高水准，对世界经济增长的贡献率从2008年的22%激增至50%。在世界经济下行压力加大的情况下，在成熟经济体增长普遍放缓的情况下，2013年中国经济增长对全球经济增长的贡献仍然将近30%，大大高于中国占全球经济规模的比重。中国提供了实现经济稳增长的成功范例，发挥着中国模式的带动力。

我国之所以能够成功实现经济的稳增长，归根结底就在于坚持了一条适合中国国情的发展道路。中国道路，是一条成长于资本主义体系之外，从根本上打破对西方路径依赖的现代化道路。① 社会主义政治制度、强有力的政府宏观调控、非公有制经济的发展等成为了推动社会主义现代化建设的重要因素。中国道路给予世界各国，特别是广大发展中国家以重要启示，即探索一条符合本国国情的社会发展道路才是一个国家实现繁荣富强的根本之路。

在我国发展处于转型期和换档期，改革进入攻坚期和深水区的重大历史关头，党的十八届三中全会通过了《关于全面深化改革若干重大问题的决定》（下简称《决定》）。《决定》反复强调坚持走中国道路的必然性、必要性和重要性，具有重要的指导意义。《决定》做出了市场在资源配置中基础性作用向决定性作用转变的重大战略决策，这是遵循国内和国际经济发展规律的必然抉择。全面深化改革，必须立足于我国长期处于社会主义初级阶段这个最大实际，坚持发展仍是解决我国所有问题的关键这个重大战略判断，以经济建

① 中央党校中国特色社会主义理论体系研究中心：《中国道路破解了一系列发展中国家现代化难题》，载《求是》2014年第5期。

设为中心，发挥经济体制改革牵引作用，推动生产关系同生产力、上层建筑同经济基础相适应，推动经济社会持续健康发展。① 努力处理好“发展中防止落入‘中等收入陷阱’，在改革中防止落入‘西化分化陷阱’”② 的问题，实现社会经济的平稳发展和可持续发展。

2.3.2　中国成为经济复苏双引擎的重要一极

长期以来，世界经济由以美国为主导的单一引擎推动和发展。但伴随着中国经济的崛起和金融危机的爆发，中国作为最大的发展中国家和新兴经济体的代表，成为新的双循环世界经济体系下的另一个重要引擎。③ 当今的世界经济发展，形成了以美国为代表的发达国家和以中国为代表的发展中国家与新兴经济体共同推进的新格局。

金融危机通过国际贸易、国际投资等途径影响全球，主要发达经济体和新兴经济体之间的实力对比悄然发生了变化。中国经济 7% 以上的增长对世界的贡献依然有 30% 左右，美国 2.8% ~ 3.5% 的经济增长对世界的贡献约占 20% ~ 25%，世界经济将有 50% 的增长来源于这两个国家。④ 根据国际货币基金组织 2014 年 1 月发布的《世界经济展望》最新预测，2013 年全球 GDP 增长率为 3.1%，发达国家和成熟经济体预计为 1.7%，同时指出美国将是全球经济向好的第二大引擎；新兴市场和发展中经济体整体预计 4.6%，其中，增长的主要动力仍然是中国。发达国家和成熟经济体的增速低于新兴市场和发展中经济体，全球经济增长速度的不平衡显而易见。

世界经济的推动力由一元走向二元，最终形成多元格

---

① 《中共中央关于全面深化改革若干重大问题的决定》，载《人民日报》2013 年 11 月 16 日。

② 黄中平：《着力提高治理能力，切实防止“两个陷阱”》，载《求是》2014 年第 7 期。

③ 姜洪：《中国在世界经济双循环中的引擎和枢纽作用》，载《红旗文稿》2013 年 4 月 11 日。

④ 陈凤英：《世界经济切换到中美“双引擎”模式》，载《中国财经报》2014 年 4 月 1 日。

局，是世界经济发展和新的世界经济体系构建的必然趋势。当今形成以中美为主的经济复苏双引擎，能够起到一个引擎失效时另一个引擎正常运转的作用。着眼当下，即以美国为引擎的发达国家无法发挥出应有效用的时候，以中国为另一引擎的新兴市场和发展中经济体能够正常“运转”，从而保障世界经济的复苏与发展。陈学明指出，中国是人类文明社会的一个“大体量”的有机组成部分，中国的富裕与强大将直接增强整个人类文明社会的物质基础。中国综合国力的增强在一定意义上也是整个人类文明社会的经济实力的增强。在整个人类文明社会的经济总量中，“中国部分”是举足轻重的，“中国部分”增加了，总量也上去了，即使“其他部分”下去了，也可以用“中国部分”的增加来弥补和冲抵。① 当然，在世界经济面临转型调整的大背景下，单单依靠少数国家实现世界经济的复苏是行不通的，还是需要世界各国的通力合作。

2.3.3 “中国经济崩溃论”不攻自破

中国崩溃论并不是一个新鲜的话题。苏东剧变以来，西方社会就一直在唱衰中国。2001 年，一本名为《中国即将崩溃》的图书登上了美国畅销书排行榜。时隔十年之后，该作者于 2011 年又炮制出一篇《中国即将崩溃：2012 年版》的文章，大肆唱衰中国。

其实，所谓的“中国经济崩溃论”早已破产。根据国家统计数据显示，2003 年至 2012 年，中国经济 9.13% 的平均增速，远高于同期世界经济 3.7% 的平均增速。中国经济总量也由 2002 年占世界经济总量的 4.4% 提升至 2012 年的 11.5%。即便是在当前经济不景气的情况下，我们依靠积极的政策导向和丰富的财富积累，通过扩大内需、刺激消费、发展新兴产业等措施，削弱国际市场疲弱带来的负面影响，实现经济平稳增长。中国在保持国内经济平稳增长的同时，加快了对外开放的步伐，并通过国际分工、引进外资和官方

① 陈学明：《论中国道路对人类文明的历史性贡献》，载《上海师范大学学报（哲学社会科学版）》2013 年第 3 期。

对外投资等途径反哺西方社会。到2013年，我国国内生产总值达到56.9万亿元，是世界上的第二大经济体；进出口贸易总额首次突破4万亿美元的关口，高达4.16万亿美元，超过美国成为全球最大的货物进出口贸易国。我国外汇储备增速加快，1978年我国的外汇储备仅1.67亿美元，到2013年末中国外汇储备再创新高，达到了3.82万亿美元，已连续8年成为全球最大的外汇储备国。中国经济取得的巨大成就，是中国人民脚踏实地、顽强拼搏、改革创新的结果。

然而，西方国家唱空中国的声音从未停止，特别是2012年中国经济出现了小幅波动的情况，“中国经济崩溃论”再次席卷而来。中国经济增速减缓是事实，但数据显示，中国经济发展的基本面良好，总体平稳，稳中有进。中国致力于实现转变经济社会发展方式、调整经济结构、实现产业结构优化升级等重要任务，这一阶段的经济减缓是为实现下一阶段的经济增速准备条件。同样，经济高速增长的国家在达到一定阶段后的减速是不可避免的。中国正在实现发展模式由“奇迹”向“常态”的转变，如果再保持高的经济增长率，不仅加大了通胀风险和经济泡沫，更是对我国现存资源和环境的破坏。这不利于社会的可持续发展，不利于社会主义和谐社会的构建，也无助于世界经济的复苏。

“唱空中国”实质上反映了西方社会的矛盾心理。一方面西方不希望中国崛起，企图通过这种方式遏制中国的发展；另一方面，中国经济发展的重要作用同样是西方所不可缺少的，中国经济增速的减缓加剧了西方对世界经济复苏的担忧。纵观“唱空中国经济”的种种言论，无非是无限夸大困难，否定中国制度的优势。当我国GDP保持较高的增速时，他们就炒作“向下拐点论”；当我国经济出现局部过热苗头时，他们就炒作“制度崩溃论”；当我国出现偏高的通货膨胀率时，他们就炒作“硬着陆论”。① 所谓“中国经济崩溃论”实则是西方社会别有用心之人的谬论。

---

① 《“唱空中国”为何屡屡落空　“经济崩溃论”不攻自破》，载《证券日报》2012年7月10日。

2.4　“金砖国家”的快速崛起

2001 年，“金砖四国（BRIC）”一词由美国高盛公司首席经济师吉姆·奥尼尔首次提出。2003 年，在题为《与“金砖四国”一起梦想》的报告中，奥尼尔预言，到2050 年金砖四国将与美国、日本一起跻身全球新的六大经济体。后来由于南非的加入改为金砖国家（BRICS）。现在来看，这个预言还是太过保守了。金砖国家的崛起是各国形成了独特的发展道路，是各国硬实力和软实力综合提升的表现。金砖国家作为新兴国家经济体崛起的代表，是顺应时代发展的产物。金砖国家的崛起为正处在复苏和发展的世界经济注入了新鲜的活力和动力。以金砖国家为代表的新兴经济体的整体崛起深刻影响着世界政治经济格局。

2.4.1　金砖国家的崛起带动世界的发展

金砖国家具有丰富的资源优势：中国拥有大量的廉价劳动力，低廉的原料成本，再加上劳动力素质的日益提升，因而被称为“世界工厂”；印度高新技术产业迅速发展，尤其是以班加罗尔为首的“新硅谷”已经得到了世界的认可，被誉为“世界办公室”；俄罗斯拥有充足的煤炭、石油、天然气等矿石燃料储备，被称为“世界加油站”；巴西凭借其丰富的金属矿产资源和农牧业资源，成为“世界原料基地”；南非拥有富裕的黄金、钻石等矿物资源，作为非洲第一大经济体，是非洲经济发展的窗口和桥头堡。五国的联合是发展中国家的强强联合，发挥着经济复苏的引擎作用，深刻影响着世界格局。

金砖国家的合作为各成员国带来了切实的好处。根据统计，2001—2010 年，金砖国家经济平均增长率超过 8%，高于 4.1% 的世界经济增长率，更是远高于发达国家 2.6% 的平均增长率。金砖国家之间的贸易往来平均增速达到 2.8%。2012 年的贸易规模达 3100 亿美元，是十年前的 11 倍。凭借良好的外部环境和独特的资源优势，金砖国家之间的强强联合推动了金砖国家整体实力的增长，经济实力和国际地位显著提高，带动了亚非拉发展中国家的发展，形成了合作共赢的良好局面。

金砖国家成员国领土占全世界面积的 30%，人口占全球人口总数的 42%，贸易额全球占比约 15%。作为一个整体，以金砖国家为代表的新兴经济体在近年来表现抢眼，大大促进世界的发展。近年来，俄罗斯、印度的经济增长率都在 6% 左右，巴西、南非在 3% ~5%，中国的经济增长更是在 9% 左右，均高于发达国家和世界平均水平。在 2000—2010 年，对全球 GDP 增长贡献最大的五个国家依次为中国、美国、印度、韩国、巴西，它们的贡献率分别为 25%、21%、6%、4%、3%，① 这彰显出金砖国家的重要地位。国际货币基金组织的数据显示，2009—2011 年金砖国家对世界经济增长的贡献率分别达到 40%、34% 和 79%。金砖国家占世界 GDP 的比重也在不断提升，1992 年金砖国家占世界 GDP 的规模仅为 5.7%，2002 年达到 8.8%，2011 年迅速提升到 19.7%。在吸引外国直接投资方面，1992 年金砖国家吸引的外资直接投资为 144.9 亿美元，2002 年达到 799.9 亿美元，2011 年为2 808.8亿美元；占世界的比重由 1992 年的 8.7% 上升到 2011 年的 18.4%。金融危机的到来给了金砖国家展现自身经济实力的机会。危机使传统的发达国家经济遭受重创，国内经济衰退，许多国家甚至负债累累。相反，金砖国家却依然处于企稳上升的态势，受经济危机影响甚微，因而成为危机期间世界经济发展的重要支柱。

2.4.2　金砖国家的崛起推动了世界政治经济格局的变化

东欧剧变和苏联解体后，世界格局形成了一超多强的局面。美国成为实力最强的超级大国，欧盟、日本、中国、俄罗斯等多强紧随其后。金砖国家中，即使是地缘政治具有超强影响力的俄罗斯也处于发展中国家之列，不能称其为完整意义的发达国家。2011 年在中国三亚召开的金砖国家领导人第三次会晤，是金砖国家合作进程中的里程碑，具有特殊意

① 金灿荣，王浩：《从多重视角看中国对世界经济的贡献》，载《当代世界》2014 年第 3 期。

义。三亚峰会以“展望未来、共享繁荣”为主题，就一系列重大的国际政治和经济问题进行磋商，并争取达成共识。三亚峰会体现了金砖国家作为发展中国家代表试图对国际政治形势的变革、国际经济问题的解决、和平与发展、世界经济政治新秩序的构建所做的努力。这些努力必将增强发展中国家的话语权，促使世界格局向着多极化发展。

金砖国家作为新兴经济体的整体崛起，促进了世界经济模式多样化。金砖国家均在金融危机时期保持了较为稳定的经济增长率，但是各国采取的经济战略和具体措施却不尽相同。在此仅以中国为例。中国对世界经济模式的最大贡献恐怕就是社会主义市场经济了。邓小平作为社会主义市场经济理论的创立者，有着十分丰富的社会主义市场经济思想：社会主义与市场经济之间不存在根本矛盾；计划经济不等于社会主义，资本主义也有计划；市场经济不等于资本主义，社会主义也有市场；计划和市场都是经济手段；等等。市场经济与社会主义公有制有机结合所展示的生机与活力，在1997年的东南亚金融危机、2007年席卷美国、欧盟和日本等世界主要金融市场的美国次贷危机等实践中得到了充分的检验与印证。金融危机使得发达国家市场失灵，无法有效调节资源配置，这是资本主义的基本矛盾——生产社会化和生产资料私人占有之间的矛盾导致的。然而在我国，“看不见的手”和“看得见的手”有机结合，发挥社会主义制度的优越性，在市场机制的基础上辅之以强有力的宏观调控，实行货币政策和财政政策的适度调整、松紧搭配，这就有效规避了市场经济内部固有的风险，使中国平稳地度过了席卷全球的金融危机。至此，中国的社会主义市场经济制度得到了来自全世界各国的高度认可，丰富了各国政府对市场经济的理解，进而扩展了世界经济模式的外延和内涵。

金砖国家作为新兴经济体的整体崛起，促进了世界政治模式民主化。“金砖国家”和其他新兴经济体一样，认为现在的社会政治经济秩序是有失公平的。世界各国的国际地位都是平等的，没有高低贵贱之别，更没有领导者与被领导者之分，一律平等地拥有独立、主权和自行选择本国社会制度、发展道路的权利。在后危机时代，必须变革旧的世界政治经济秩序，才能更好地发挥新兴经济体的作用，从而克服金融危机带来的后遗症。从这个意义上讲，以金砖国家为代表的新兴经济体的崛起必会将其国际关系民主化的理念传达给其他国家，并对其他国家的政治模式产生一定的影响。另外，发展中国家话语权的扩大也是世界政治模式民主化的重要保障。

金砖国家形成了统一的战略诉求，维护世界和平与发展，优化国内产业结构，提高自身国际地位，加强国际交流与合作，通过“金砖国家”领导人峰会向世界传达所有发展中国家的声音。金砖国家不仅通过领导人峰会表达诉求，还通过积极参与 G20 峰会代表主要发展中国家参与国际经济事务的管理。此外，金砖国家还一直致力于提高自身的国际地位，通过抓住金融危机时期自身影响力提升这一机遇，将发展中国家在国际货币基金组织的份额提高了 5%，将发展中国家在世界银行的份额提高到 47%，从而使发展中国家的声音可以被世界听到，使发展中国家的需求可以被世界关注。

2.4.3　金砖国家的明天

在世界经济的重心已经转变的后危机时代，金砖国家的经济发展也进入了一个回稳期。官方 2012 年的统计数据显示，五国的主要指标普遍较上年逊色。总体上金砖国家的增长速度在近一年里下降了 20%，个别国家下降了 50% 以上。针对“金砖国家褪色”的问题，我们要从金砖国家的外部环境和内部因素两个层面去认识。

首先，金砖国家的发展依然没有摆脱世界经济低迷的拖累。后金融危机时期国际经济依然没有走出危机的阴影，尤其是欧元区经济衰退，对金砖国家的进出口和引进外资产生了冲击，进而影响到这些国家的经济增长。发达国家作为外资的主要来源，产品需求减缓导致中国加工制造业增速降低，服务外包需求减缓阻碍印度经济增长，矿产品需求和价格下跌对巴西、南非，国际油价的下调对于俄罗斯都产生了不利影响。发达国家的“去杠杆化”、“再工业化”等政策的实施，也影响到金砖国家的经济增长的稳定性。“量化宽松”的政策导致国际范围的通货膨胀，冲击了金砖国家的外汇保值，遏制了金砖国家的经济发展。这些外部因素在一定程度上导致了金砖国家经济增速的回落。

其次，金砖国家的经济增长有其自身的脆弱性和不合理性是其增速回落的主要原因。金砖国家在其发展过程中形成了符合本国国情的发展方式，如中国——“世界工厂”、印度——“世界办公室”等，而各自的发展方式在经济发展过程中弊端日益显露，如增长动力的单一性问题，金砖国家过多通过发挥资源优势谋发展，中国依靠高投资、房地产、劳动密集型加工出口等方式促增长，印度依托软件出口和服务外包等驱动经济，俄罗斯、巴西、南非更多依靠自然资源产品增加收入。目前，金砖国家都面临着国内经济转型增长和发展方式转变的重大难题。近年来，金砖国家也纷纷出台政策与措施调整和刺激经济，刺激消费，扩大内需，减弱对于出口的依赖，促进投资、出口、消费“三驾马车”的协调拉动；进行税制改革，加强和完善基础设施建设；减少贫困、改善民生，建立健全教育、就业、医疗卫生和社会保障体系等。①

金砖国家的明天如何？用唯物辩证法的观点来分析，不难得出如下结论：当下金砖国家经济发展的回落，恰恰是顺应时代发展、推行经济转型升级的必然结果，是各国挖掘自身潜力、力图寻求新的经济增长点和下一阶段经济持续发展的必然结果。诚然，金砖国家的改革仍然面临着诸多困难，如中国的能源资源短缺和人口问题、俄罗斯的经济结构不合理和投资不足、印度的工业基础薄弱和人才的缺乏、巴西的基础设施薄弱和城镇化发展过快、南非的基础设施“瓶颈”和劳动力方面的障碍等问题都需要攻坚克难。但是，金砖国家的崛起已经势不可挡，金砖国家依然是最具发展潜力和前景的新兴经济体，依然是推动世界经济恢复和发展的重要力量。

---

① 徐建国：《金砖国家仍是经济发展的引擎》，载《当代世界》2013年第3期。

第二篇　中国发展道路篇

国家兴衰是一个普遍存在的历史现象。为什么同一时期不同的国家发展结果差异甚大？为什么同一国家在不同时期发展情况迥异？决定一个国家经济发展历史轨迹的因素有哪些？中国自改革开放以来创造的经济奇迹，不仅来自于经济制度的完善和发展，而且来自于经济发展道路的正确和科学。中国特色经济发展道路主要表现在以下方面：走中国特色自主创新道路，促进中国从贴牌大国、制造大国、经济大国向品牌大国、创造大国、经济强国转变；走中国特色新型工业化、信息化、城镇化、农业现代化道路，促进工业化、信息化、城镇化、农业现代化同步发展；走又好又快的经济发展道路，促进经济发展方式的转变。改革开放30多年的辉煌成就，向全世界昭示了中国经济发展道路的强大生命力。中国经济发展道路的要义是不盲目照搬外国模式，在借鉴国外发展经验的同时，立足本国国情，成功探索出一条中国特色的社会主义发展道路。

第3章 中国特色自主创新道路

党的十八大以来，习近平总书记多次深入科研院所、企业、高新技术园区，调研考察创新驱动发展战略实施情况，发表一系列重要讲话。2013年3月4日，习近平看望政协委员并在参加政协联组会讨论时作了“坚定不移走中国特色自主创新道路”的重要讲话，他强调，要坚定不移走中国特色自主创新道路，深化科技体制改革，不断开创国家创新发展新局面，加快从经济大国走向经济强国。他指出，实施创新驱动发展战略，是立足全局、面向未来的重大战略，是加快转变经济发展方式、破解经济发展深层次矛盾和问题、增强经济发展内生动力和活力的根本措施。在日趋激烈的全球综合国力竞争中，我们必须正视现实、承认差距、密切跟踪、迎头赶上，走自主创新道路，采取更加积极有效的应对措施，在涉及未来的重点科技领域超前部署、大胆探索，加快从要素驱动发展为主向创新驱动发展转变，发挥科技创新的支撑引领作用。要加强统筹协调，促进协同创新，优化创新环境，形成推进创新的强大合力。要增强创新自信，加快推进重大科技专项实施，建立健全优先使用自主创新成果的机制。要深化科技体制改革，进一步突出企业的技术创新主体地位，变“要我创新”为“我要创新”，促进创新链、产业链、市场需求有机衔接。要加强科技人才队伍建设，为人才发挥作用、施展才华提供更加广阔的天地，鼓励人才把自己的智慧和力量奉献给实现“中国梦”的伟大奋斗。2014年1月6日，习近平总书记在会见探月工程嫦娥三号任务参研参试人员代表时再次强调，坚持走中国特色自主创新道路，敢于走别人没有走过的路，不断在攻坚克难中追求卓越，加快向创新驱动发展转变。习近平总书记关于坚定不移走中国特色自主创新道路、创新驱动发展战略的重要论述，对于全面落实好创新驱动发展战略，激发全社会创造活力，具有重大而深远的指导意义。①

3.1 贴牌大国、制造大国、经济大国的困惑与选择

改革开放以来，我国经济发展取得了举世瞩目的伟大成就，创造了“中国奇迹”。但这些经济奇迹的取得，与我国是贴牌大国、制造大国、经济大国密不可分的。我们应该看到，我国经济的增长主要是依靠粗放型发展方式，以牺牲环境、资源能源消耗为代价。随着环境承受能力日益脆弱，资源能源日益枯竭，为了保证经济持续健康发展，传统的资源要素驱动型经济增长模式亟须改进、自然资源禀赋和生态环境的刚性约束亟须破解。走中国特色自主创新道路，加快建立科技创新驱动模式，发挥科技对经济发展的支撑和引领作用，已经成为推动我国经济社会全面协调可持续发展的必然选择。习近平总书记的重要论述，对新一轮科技革命和产业变革作出了科学判断，深入分析了我国经济社会对科技的迫切需求，系统阐述了实施创新驱动发展战略的必要性和紧迫性，指明了完成“十二五”时期经济社会发展的目标任务。在激烈的国际竞争中赢得发展的主动权，最根本的是靠科学技术，最关键的是要大力提高自主创新能力。

3.1.1 贴牌大国、制造大国、经济大国的困境与反思

第一，贴牌大国、制造大国、经济大国日益陷入困境。中华人民共和国成立60多年特别是改革开放30多年以来，我国从短缺经济走向过剩经济，从温饱问题到全面建成小康社会，人民群众的物质文化生活需要不断得到满足，国家经济实力不断提高。事实证明，在社会主义初级阶段，在科学技术对经济贡献率相对比较低的情况下，贴牌大国、制造大国、经济大国是经济发展不可逾越的阶段，是生产力大发展、国家实力显著增强的过程，是实现就业增加、人民生活

① 中国共产党中国科学院党组：《决定中华民族前途命运的重大战略——学习习近平总书记关于创新驱动发展战略的重要论述》，载《求是》2014年第3期。

改善的过程，是中国走向世界、促进世界经济发展的必然过程。然而，当我国跻身全球第二大经济体时，贴牌大国、制造大国、经济大国的局限性凸显出来，日益制约着我国经济健康发展。

一是我国是贴牌大国，而不是品牌大国。在经济全球化趋势下，一国拥有国际知名品牌数量已成为衡量一国经济实力的重要标志。相关数据表明，当今世界共有知名品牌商品约8.5万种，但其中90%以上的名牌归属于工业发达国家和亚太新兴工业国家或地区；虽然这些国际知名品牌占全球品牌量不到3%，但销售额却占到50%左右。在对外贸易中，我国货物出口额虽然稳居世界第一，但其中的90%是贴牌产品，拥有自主品牌的不足10%。

二是我国是制造大国，而不是创造大国。国际上通常将专利技术的拥有量作为区分制造和创造的标尺。我国有200多种工业产品产量居世界第一，但中国制造的产品中，真正拥有核心专利技术、拥有自主知识产权的比重很低，由于一部分企业的产品缺乏核心技术，一些“中国制造”的利润比较低。每部国产手机售价的20%、数控机床售价的30%都要拿出来向国外支付专利费。“MADE IN CHINA”也往往被视作缺少技术含量的廉价品。同时，我国虽然是制造大国，每年却要花费6000多亿元从国外进口重大制造设备。光纤制造装备的100%，集成电路芯片制造设备的85%，石油化工装备的80%，轿车工业设备、数控机床、胶印装备的70%，都要依靠进口。①

三是我国是经济大国，而不是经济强国。截至2013年年底，我国人均国民总收入达到6 767美元，仅相当于世界平均水平的41.8%，在世界银行统计的213个国家和地区中位居第125位。世界主要发达工业国家技术进步对经济增长的贡献度达到70%以上，而我国只有不到40%。我国主要依靠劳动力、资源和能源数量的消耗等粗放型经济发展方式来推动经济发展，如我国以占全球经济总量的8.6%，消耗

① 白天亮，王政，赵永新：《从贴牌大国迈向品牌大国——提高自主创新能力述评》，载《人民日报》2011年3月30日。

了世界煤炭的46.9%和石油的10.4%，特别是，能源消费总量占世界的19.5%。

第二，对贴牌大国、制造大国、经济大国困境的反思。贴牌大国与品牌大国，制造大国与创造大国，经济大国与经济强国的巨大差距表明，尽管经过长期努力，我国科技事业发展取得长足进步，但是我国自主创新能力还不强，经济发展技术含量总体上不高，很多关键技术和核心技术受制于人，先导性战略高技术领域科技力量薄弱，重要产业对外技术依赖程度仍然较高。世界科技发展的实践告诉我们，一个国家只有拥有强大的自主创新能力，才能在激烈的国际竞争中把握先机、赢得主动，科技创新是提高社会生产力和综合国力的战略支撑，必须摆在发展全局的核心。发展与转型交织，机遇与挑战并行，国内与国际相联，反思贴牌大国、制造大国、经济大国的困境，我们必须切实加快转变经济发展方式，提高自主创新能力，走中国特色自主创新发展道路。能否提高自主创新能力，决定着我国能否实现从贴牌大国到品牌大国、从制造大国到创造大国、从经济大国到经济强国的跨越。

3.1.2 走中国特色自主创新道路是走出困境的必然选择

中华人民共和国成立以来，在广大科技工作者不懈努力下，我国整体科技发展水平已位居发展中国家前列，有些领域已达到国际先进水平，为推动经济社会发展和维护国家安全，作出了不可磨灭的历史性贡献。走中国特色自主创新道路，加快建立科技创新驱动模式，发挥科技对经济发展的支撑和引领作用，已经成为推动我国经济社会全面协调可持续发展的必然选择。

第一，走中国特色自主创新道路，是应对世界日益激烈科技竞争形势的必然选择。当前，科技发展日新月异，重大创新不断涌现，技术更新和成果转化的周期日益缩短。信息科技已成为推动经济增长和知识传播应用的重要引擎，生命科学和生物技术对改善和提高人类生活质量发挥关键作用，能源科技为化解世界性能源和环境问题开辟途径，纳米科技带来深刻的技术变革，空间科技促进人类对太空资源的开发和利用。科技不仅是推动全球产业结构升级的根本动力，也是引领社会发展的先导力量。因此，世界各国纷纷抢占科学技术发展的制高点，许多大国都把推动科技创新上升为国家战略。美国 2006 年启动了《竞争力计划》，欧盟 2000 年提出《里斯本战略》，日本 2007 年提出《“创新 25”科技长期战略方针》。一些新兴的发展中大国也在实施赶超战略。面对科技竞争已经成为综合国力竞争焦点的现实，我国必将对增强科技竞争力提出新要求。我们必须奋起直追，尽快缩小与发达国家的差距。自主创新能力是国家竞争力的核心，是我国应对未来挑战的重大选择，是统领我国未来科技发展的战略主线，是实现建设创新型国家目标的根本途径。世界科技发展的实践告诉我们：一个国家只有拥有强大的自主创新能力，才能在激烈的国际竞争中牢牢把握发展主动权，抢占未来发展先机。

第二，走中国特色自主创新道路，是提高科技在国民经济和社会发展中贡献率的必然选择。我国仍处于并将长期处于社会主义初级阶段的基本国情没有变，人民日益增长的物质文化需要同落后的社会生产之间的矛盾这一社会主要矛盾没有变。人口多，底子薄，发展不平衡，生产力水平总体偏低。尽管我国经济总量位居世界第二，且 2013 年我国经济总量高达约91 849.93亿美元，但人均 GDP 却仅有6 767美元，仍然处在世界 100 位之后。目前，我国科技进步对经济发展的贡献率还不到 40%，与发达国家科技进步对经济发展的贡献率 60% ~80% 的差距依然很大。缩小差距，根本途径是依靠科技进步、显著提高科技在国民经济和社会发展中的贡献率。到 2020 年要实现人均国内生产总值翻两番的目标，在资源能源等硬性约束条件下，科技进步的贡献率必须提高到 60%。

第三，走中国特色自主创新道路，是发挥科技对社会主义现代化建设支撑和引领作用的必然选择。发达国家发展经验表明，一国的人均国内生产总值达到1 000美元到3 000美元的阶段后，既是发展的黄金期，也是发展的矛盾凸显期。当前，我国人均国内生产总值刚超过3 000美元，这是社会主义现代化建设的关键阶段，社会主义现代化建设的主要方向是推动工业化、信息化、城镇化、市场化、国际化。大量国际经验表明，一个国家的现代化，关键是科学技术的现代化。持续推进“五化”建设，必须依靠科技的支撑和引领。在工业化方面，关键是用现代科学技术来改造和提升传统产业，走新型工业化道路。在信息化方面，以工业化促进信息化，在信息领域加大科技研发力度，确保在安全、自主的条件下推进信息化进程。在城镇化方面，科技对城镇化的贡献是全方位的，既对硬环境建设的工程、建筑等技术起到支撑作用，也对软环境建设的信息、交通、环保、医疗、公共安全等技术服务起到支撑作用。在市场化方面，一个运行良好的市场环境，必须有现代科技手段作支撑。在国际化方面，对外开放既要重“量”，更应重“质”。既要“引进来”，也要“走出去”。先进的科学技术支撑和引领我们不断拓展对外开放的广度和深度。

第四，走中国特色自主创新道路，是实现转变发展方式和科学发展的必然选择。科学技术迅猛发展深刻改变着经济发展方式，创新成为解决人类面临的能源资源、生态环境、自然灾害等全球性问题的重要途径，成为经济社会发展的主要驱动力。全球经济发展方式正逐步从资源依赖型、投资驱动型向创新驱动型转变，以知识为基础的产业快速发展。未来几十年，我国13亿人口将逐步进入现代化行列，能源资源需求和生态环境压力将大幅上升。作为工业化、城镇化快速发展的人口大国，我国面临的能源资源和生态环境矛盾尤为突出，推动可持续发展任务尤为艰巨。由于增长方式粗放，高投入、高消耗、高污染、低效益，使资源难以支撑，供求矛盾突出，环境污染和生态破坏加剧。造成资源环境问题的原因是多方面的，解决这个问题，必须深入贯彻落实科学发展观，转变经济发展方式，特别要大力发展节能技术、清洁生产技术、环保技术，加快建设资源节约型、环境友好型社会。

第五，走中国特色自主创新道路，是解决科技发展自身存在不足和弊端的必然选择。我国科技的总体水平同世界先进水平相比仍有较大差距，同我国经济社会发展的要求还有许多不相适应的地方。首先，科技投入严重不足。经验表明，只有研发投入超过国内生产总值的2%时，技术研发才能进入技术创新阶段。目前我国科技研发投入仍然只占国内生产总值的1.49%，低于世界平均1.6%和发达国家2.5%以上的水平；从保持竞争力的要求看，企业技术研发投入应达到销售收入的3%以上，尤其在高新技术产业应占到10%以上，而目前我国大中型企业研发经费占销售收入不足1%，其研发投入明显不足。其次，科技体制和机制还存在不少弊端。科技管理体制还不完善，宏观统筹薄弱，资源分散重复封闭现象较为突出，重复建设和资源浪费在一些领域还比较严重。再次，高新技术产业所占的比例不高。企业自主创新能力不强，缺乏自主知识产权，缺乏世界知名品牌，缺乏高技术含量、高附加值的产品。最后，对外技术依赖程度高。很多关键核心技术受制于人，产业技术的一些关键领域存在着较大的对外技术依赖，不少高技术含量和高附加值产品主要依赖进口；我国技术对外依存度在50%以上，而发达国家大多低于30%。我国科技事业发展的状况，与完成调整经济结构、转变经济增长方式的迫切要求还不相适应，与把经济社会发展切实转入以人为本、全面协调可持续的轨道的迫切要求还不相适应，与实现全面建成小康社会、不断提高人民生活水平的迫切要求还不相适应。

总之，我国现代化建设站在一个新的历史起点上，必须进一步发挥科技的支撑和引领作用，加快推进建设创新型国家的进程，坚定不移地走中国特色自主创新道路。

3.2　走中国特色自主创新道路

3.2.1　走中国特色自主创新道路的科学内涵

创新是一个民族进步的灵魂，是一个国家兴旺发达的不竭动力。科技的本质是创新，我们党历来十分重视科学技术的作用。

第一，中国特色自主创新道路是马克思主义科技观的丰富和发展。从“向科学进军”到“科学技术是第一生产力”，从科学技术是先进生产力的集中体现和主要标志，到走中国特色自主创新道路、建设创新型国家的重大战略思想，清晰地展现出马克思主义科技观在中国不断发展和完善的思想轨迹，既一脉相承又不断与时俱进，极大丰富了马克思主义科技观和中国特色社会主义理论体系。

早在20世纪50年代党中央就发出“向科学进军”的号召，并制定《1956—1967年科学技术发展远景规划》，逐步建立起符合中国国情的现代科学技术体系。改革开放以来，邓小平多次强调，“科学技术是第一生产力”，强调把发展科学技术重新摆上国家发展整体战略格局，提出“科学技术必须面向经济建设、经济建设必须依靠科学技术”的方针，为新时期走中国特色自主创新道路奠定坚实基础。江泽民同志也反复强调，科技创新越来越成为当今社会生产力解放和发展的重要基础和标志，越来越决定着一个国家、一个民族的发展进程。为此，国家大力实施科教兴国战略和人才强国战略。党的十六大以来，胡锦涛从全面建设小康社会、开创中国特色社会主义事业局面的全局出发，综合分析世界发展大势和我国所处历史阶段，作出要坚持走中国特色自主创新道路、建设创新型国家的重大战略决策，强调把增强自主创新能力贯彻到现代化建设各个方面。这是继科教兴国和人才强国战略以来我们党提出的事关社会主义现代化建设全局的重大战略决策。党的十七大指出，提高自主创新能力，建设创新型国家，是国家发展战略的核心，是提高综合国力的关键。党的十八大进一步提出实施创新驱动发展战略，强调科技创新是提高社会生产力和综合国力的战略支撑，必须把科技创新摆在国家发展全局的核心位置。为贯彻落实党的十八大关于自主创新的战略部署，党的十八届三中全会提出加快深化科技体制改革，通过建立健全鼓励原始创新、集成创新、引进消化吸收再创新的体制机制，健全技术创新市场导向机制，发挥市场的导向作用，建设国家创新体系。更加自觉、更加坚定地走中国特色自主创新道路，就是要深入贯彻落实科学发展观，更好实施科教兴国战略、人才强国战略、可持续发展战略，坚持“自主创新、重点跨越、支撑发展、引领未来”的指导方针，把增强自主创新能力作为发展科学技术的战略基点、作为调整产业结构和转变发展方式的中心环节，把建设创新型国家作为面向未来的重大战略选择。

第二，走中国特色自主创新道路，需要进一步深化对中国特色内涵的认识。世界各国在科技发展中从各国具体国情出发，采取了不同的发展道路，呈现出多样性。比如，美国凭借全面领先战略，依靠强大的科技实力，获得国际竞争的主动权；日本、韩国重视对引进技术的消化吸收，实现从跟踪模仿向自主创新的转变；芬兰、爱尔兰抓住新一轮科技革命的发展契机，在信息产业领域取得了竞争优势，等等。基于此，我们必须深入研究我国科技发展的优势是什么，特色是什么，必须从我国的具体实际出发，既吸收和借鉴国外的先进方式和途径，又要立足本国实际，走出一条具有鲜明实践特色、理论特色、民族特色、时代特色，符合中国国情的自主创新道路。

第三，走中国特色自主创新道路，需要进一步深化对自主创新内涵的认识。当前，对自主创新内涵的认识存在以下几个误区。比如，自主创新就是独立的、自我的创新；自主创新就是追求技术领先、追求高精尖；自主创新是排斥对外开放，完全依靠自己的力量创新，就是搞原始性创新；自主创新主要是技术部门和研发人员的工作；专利越多自主创新能力越强等。自主创新本质上应是以我为主导，以企业为主体，以掌握核心技术和关键技术知识产权以及掌握高附加值价值链活动与市场为目标，通过原始创新、集成创新、引进消化吸收再创新三个层面的技术创新，全面提高创新能力。坚持走中国特色自主创新道路，必须注意将技术创新、管理创新和制度创新进行有机结合。加强自主创新，就是要加强原始性创新，努力获得更多的科学发现和技术发明；加强集成创新，形成具有市场竞争力的产品和产业；加强引进技术的消化吸收和再创新，形成自己的技术创新能力。要把技术创新与管理创新、制度创新有机结合，有效整合资源，全面提高创新能力。

3.2.2　走中国特色自主创新道路的基本要求

21 世纪头 20 年，是我国经济社会发展的重要战略机遇期，也是我国科技事业发展的重要战略机遇期。走中国特色自主创新道路，需要抓住关键，从总体上把握好“五个一”，即：突出一个中国特色，坚持一条基本方针，明确一个奋斗目标，实施一项规划蓝图，构建一个创新体系。

第一，突出一个中国特色。世界上主要创新型国家的发展历程表明，每个国家的创新发展路径既具有共性条件，又都各具特色，走中国特色自主创新道路，应该充分发挥我国独特的优势。作为一个发展中的社会主义国家，我国进行自主创新不仅要学习和借鉴国外的发展经验，更需要从我国实际出发，充分发挥自身优势和特色，在国际经济、科技竞争中迎头赶上。一是充分发挥我国的制度优势。根据国家经济社会发展的重大需求，发挥社会主义制度集中力量办大事的政治优势，整合资源，重点突破，实现跨越式发展。同时注重发挥市场配置资源的基础性作用，使科技创新既服务于国家意志和战略目标，又能够适应社会主义市场经济规律的要求，充分激发各个创新主体的积极性和创造性。二是充分发挥科技人力资源大国的优势。目前，我国科技人力资源总量有3 500万人，居世界第一位；研发人员达到150余万人，居世界第二位；高等院校在校生总规模超过2 600万人。这些丰富的人力资源为自主创新提供了雄厚的科研力量和人才储备，是我们走中国特色自主创新道路的最大优势。三是充分发挥我国经济高速增长和市场潜力巨大的优势。我国正处于工业化、信息化、城镇化加速发展和经济快速成长时期，实现国民经济又好又快发展对科技的需求十分紧迫，科技创新成果应用潜力巨大，市场空间广阔，这是依靠创新驱动发展的重要引擎。

第二，坚持一条基本方针。走中国特色自主创新道路，核心就是要坚持正确的指导方针。党的十七大报告强调，要坚持走中国特色自主创新道路，把增强自主创新能力贯彻到现代化建设各个方面，坚持“自主创新、重点跨越、支撑发展、引领未来”的指导方针。自主创新，不是意味着什么都自己干，完全由自己来创新，而是从增强国家创新能力出发，加强独立自主地完成科学新发现和科技新发明的原始创新、把各种已有的相关技术有机融合起来的集成创新和在消化吸收国外先进技术基础上进行的引进消化吸收再创新。重点跨越，就是坚持有所为有所不为，选择具有一定基础和优势、关系国计民生和国家安全的关键领域，集中力量、重点突破，实现跨越式发展。支撑发展，就是从现实的紧迫需求出发，着力突破重大关键技术和共性技术，支撑经济社会持续协调发展。引领未来，就是着眼长远，超前部署前沿技术和基础研究，创造新的市场需求，培育新兴产业，引领未来经济社会发展。这一方针，是我国半个多世纪科技事业发展实践经验的概括总结，是面向未来、实现中华民族伟大复兴的重要抉择，必须贯穿于我国科技事业发展的全过程。

第三，明确一个奋斗目标。2006年年初，国务院制定了《国家中长期科学和技术发展规划纲要（2006—2020年）》，提出了我国建设创新型国家的总体目标是：到2020年，使我国的自主创新能力显著增强，科技促进经济社会发展和保障国家安全的能力显著增强，为全面建设小康社会提供强有力的支撑。争取实现到2020年进入创新型国家行列和在中华人民共和国成立100年前后建成科技强国的战略目标。基础科学和前沿技术研究综合实力显著增强，取得一批在世界上具有重大影响的科学技术成果，进入创新型国家行列，为在21世纪中叶成为世界科技强国奠定基础。要动员全党全社会坚持走中国特色自主创新道路，推进创新型国家建设，力争用15年的时间使我国进入创新型国家行列。这是一项极其繁重而艰巨的任务，也是一项极其广泛而深刻的社会变革。具体而言，经过15年的努力，使我国科学技术在一批事关国家竞争力的装备制造业和信息产业核心技术、农业科技整体实力、能源开发、节能技术和清洁能源技术、循环经济的技术发展模式、重大疾病防治水平、国防科技等方面取得突破性进展，科技水平显著提高。同时，涌现出一批具有世界水平的科学家和研究团队，建成若干世界一流的科研院所和大学以及具有国际竞争力的企业研究开发机构，从而形成比较完善的中国特色国家创新体系。

第四，实施一项规划蓝图。《国家中长期科学和技术发展规划纲要（2006—2020年）》共分十个部分，分别为序言，指导方针、发展目标和总体部署，重点领域及其优先主题，重大专项，前沿技术，基础研究，科技体制改革与国家创新体系建设，若干重要政策和措施，科技投入与科技基础条件平台，人才队伍建设。《国家中长期科学和技术发展规划纲要（2006—2020年）》立足国情、面向世界，以邓小平理论、“三个代表”重要思想和科学发展观为指导，以增强自主创新能力为主线，以建设创新型国家为奋斗目标，对我国未来15年科学和技术的发展作出了全面规划和部署，是新时期指导我国科学和技术发展的纲领性文件。

第五，构建一个创新体系。深化科技体制改革的目标是推进和完善国家创新体系建设。国家创新体系是以政府为主导、充分发挥市场配置资源的基础性作用、各类科技创新主体紧密联系和有效互动的社会系统。现阶段，中国特色国家创新体系建设重点主要包括：一是建设以企业为主体、产学研结合的技术创新体系，并将其作为全面推进国家创新体系建设的突破口。二是建设科学研究与高等教育有机结合的知识创新体系。三是建设军民结合、寓军于民的国防科技创新体系。四是建设各具特色和优势的区域创新体系。五是建设社会化、网络化的科技中介服务体系。简而言之，就是要充分发挥政府的主导作用、市场在科技资源配置中的基础性作用、企业在技术创新中的主体作用、国家科研机构的骨干和引领作用、大学的基础和生力军作用，形成科技创新的整体合力，为建设创新型国家提供良好的体制机制保障。①

3.2.3 中国特色自主创新道路的主要内容

党的十八大从全局和战略高度指出，科技创新是提高社会生产力和综合国力的战略支撑，必须摆在国家发展全局的核心位置，强调实施创新驱动发展战略。并进一步回答了我国科技进步与发展“走什么样的路、怎样走”，“什么是创新型国家、怎样建设创新型国家”这两个基本问题。走中国特色自主创新道路的主要内容包括：

第一，提高自主创新能力是科技发展的首要任务。提高自主创新能力是统领建设创新型国家的战略主线，必须把提

① 参看李学勇：《走中国特色自主创新道路》，载《求是》2008年第5期。

高自主创新能力摆在全部科技工作的首位，认真落实《国家中长期科学和技术发展规划纲要 2006—2020 年》，加快组织实施国家重大科技专项，加大对自主创新的投入，激发创新活力，增强创新动力。要大力推进原始创新、集成创新和引进消化吸收再创新，着力突破制约经济社会发展的关键技术，支持基础研究、前沿技术研究、社会公益性技术研究，在若干重要领域掌握一批核心技术，拥有一批自主知识产权，造就一批具有国际竞争力的企业，创造一批具有核心知识产权和高附加值的国际著名品牌。

第二，制度创新是促进科技进步和创新的根本动力。推动科技进步和创新、提高自主创新能力迫切需要体制机制创新。要以服务国家为目标，调动广大科技人员积极性和创造性为出发点，以促进全社会科技资源高效配置和综合集成为重点，以加快建立以企业为主体、市场为导向、产学研相结合的技术创新体系为突破口，以推进国家创新体系建设为重要目标，深化科技体制改革和各项配套改革，形成有利于促进科技进步和创新、有利于推动科技成果向现实生产力转化，既体现中国特色又符合科技发展规律的充满活力的体制机制。

第三，将培养造就宏大的创新型人才队伍摆在优先位置。科技创新，人才为本。人才资源已成为最重要的战略资源。把教育摆在优先发展的地位，不断更新教育观念，深化教育改革创新，全面推进素质教育，调整学科和专业结构，创新人才培养模式。要坚持人才资源是第一资源，全面实施人才强国战略，按照促进人的全面发展的要求，实行有利于人才成长的政策措施，营造有利于人才成长和发挥作用的体制机制和环境。要遵循创新型科技人才成长规律，不拘一格，广纳群贤，在创新实践中发现人才、使用人才，在创新活动中培育人才、锻炼人才，在创新事业中凝聚人才、成就人才。要改进和完善职称制度，形成有利于优秀人才脱颖而出的体制机制。

第四，营造创新文化是激励科技进步和创新的重要保证。文化传承和发展对科技进步和创新有着直接的重大影响。要大力弘扬以爱国主义为核心的民族精神和以改革创新为核心的时代精神，弘扬“两弹一星”精神和载人航天精神，提倡改革创新、敢为人先的创业精神。要最大限度地鼓励和支持科技创新，最大限度地激发科技人员的创新激情和活力，最大限度地鼓励人才干事业、支持人才干成事业、帮助人才干好事业，特别是要为年轻人才施展才干提供更多机会和更大舞台，在全社会努力营造尊重和鼓励创新创业的良好氛围，形成有利于激发创新活力的社会环境。

3.3　实施创新驱动发展战略，推进创新型国家建设

创新型国家，是指将科技创新作为国家基本战略，大幅度提高科技创新能力，从而形成强大的国家竞争优势。创新型国家的量化指标主要表现在四个方面：研发投入占国内生产总值的2%以上；科技进步贡献率在70%以上；对外技术依存度在30%以下；创新产出高，发明专利多。

建设创新型国家，核心就要把增强自主创新能力作为发展科学技术的战略基点，走出中国特色自主创新道路，推动科学技术的跨越式发展；就要把增强自主创新能力作为调整经济结构、转变经济增长方式的中心环节，建设资源节约型、环境友好型社会，推动国民经济又好又快发展；就要把增强自主创新能力作为国家战略，贯穿到现代化建设的各个方面，激发全民族创新精神，培养高水平创新人才，形成有利于自主创新的体制机制，大力推进理论创新、制度创新、科技创新，不断巩固和发展中国特色社会主义伟大事业。

中华人民共和国成立60多年特别是改革开放30多年来，经过几代人艰苦卓绝的持续奋斗，我国已具备建设创新型国家的重要基础和良好条件。但是，形势依然严峻，困难依旧多多，实现创新型国家的奋斗目标，当前要突出抓好以下几个方面的工作。

3.3.1　弘扬创新文化，努力培育全社会的创新意识

弘扬创新文化是建设创新型国家的必然要求。在全社会营造人人关注创新、人人支持创新、人人参与创新的浓厚氛围，是走中国特色自主创新道路、加快建设创新型国家的强大动力和不竭活力。

第一，努力营造良好的创新舆论氛围。解放思想是科技发展的一大法宝，改革创新是科技进步的强大动力。我国科技事业的每一个重要成就、每一次重大突破，都是解放思想和改革创新的结果。实现科技事业的更大跨越，仍然需要坚持解放思想、坚持改革创新。进一步坚持解放思想、实事求是、与时俱进，通过理论创新不断推进制度创新、文化创新，为科技创新提供科学的理论指导、有力的制度保障和良好的文化氛围。切实发挥舆论的正确导向功能，以营造一个全社会尊重自主创新、支持自主创新、保护自主创新的社会风尚。要在全社会培育创新意识，倡导创新精神，完善创新机制，大力提倡敢为人先、敢冒风险的精神，大力倡导敢于创新、勇于竞争和宽容失败的精神。努力形成提倡理性怀疑和批判，尊重个性，宽容失败，倡导学术自由和民主，鼓励敢于探索、勇于冒尖，大胆提出新的理论和学说的创新环境。努力营造宽松和谐、健康向上的创新文化氛围，创造鼓励科技人员创新、支持科技人员实现创新的有利条件。

第二，促进哲学社会科学与自然科学相互渗透。要大力繁荣发展哲学社会科学，促进哲学社会科学与自然科学相互渗透，为建设创新型国家提供更好的理论指导。基础学科之间、基础学科与应用学科、科学与技术、自然科学与人文社会科学的交叉与融合，往往导致重大科学发现和新兴学科的产生，是科学研究中最活跃的部分之一，要给予高度关注。要在全社会广为传播科学知识、科学方法、科学思想、科学精神，使广大人民群众更好地接受科学技术的武装，进一步形成讲科学、爱科学、学科学、用科学的社会风尚。

第三，大力继承和弘扬中华文化的优良传统。中华民族拥有5000年的文明史，中华文化博大精深、兼容并蓄，更有利于形成独特的创新文化。中华文化历来包含鼓励创新的丰富内涵，强调推陈出新、革故鼎新，强调“天行健，君子以自强不息”。建设创新型国家，必须大力发扬中华文化的优良传统，大力增强全民族的自强自尊精神，大力增强全社会的创造活力。

第四，要充分吸收国外创新文化的有益成果。在对外开放条件下推进社会主义现代化建设，必须认真学习和充分借鉴人类一切优秀文明成果。在创新全球化趋势愈发突出的今天，国家与国家之间的科技交流合作是优化创新资源配置、提高创新效率的必要途径。必须坚持对外开放的基本国策，初步形成全方位、多层次、宽领域、高水平的国际科技合作格局，扩大多种形式的国际和地区科技交流合作，有效利用全球科技资源。在新的竞争态势下，坚持自主开发的平台和信心，以更开放的心态、更广阔的视野参与国际合作，是中国提高创新效率、向全球价值链高端迈进的基本路径。

3.3.2 让企业真正成为自主创新的主体

在国家创新体系中，参与技术创新活动的社会组织很多，政府、独立科研机构、高等学校、中介机构等，都从不同的角度直接或间接地参与到技术创新活动之中。但是，只有企业才是技术创新的主体，因为只有企业才是负责完成生产要素新组合的社会组织，其他社会组织只是提供企业完成生产要素组合所需要的服务和环境。在社会主义市场经济条件下，市场竞争是技术创新的重要动力，技术创新是企业提高竞争力的根本途径。但目前我国企业成为自主创新主体还存在很多障碍。

据有关数据显示，我国企业技术创新能力和贡献与发达国家相比还有很大的差距，我国企业还没有真正成为自主创新的主体，主要表现在：一是企业创新能力不足。在汤姆森路透评选的“全球创新企业百强”的榜单中，2011—2013年我国企业连续三年无一入选。2012年，我国申请国际专利合约（PCT）的数量约为美国的1/3，且同族专利、交叉许可专利少，专家影响力低。我国大量企业以引进技术、组装生产为主，技术对外依存度高达50%以上，出口产品附加值和技术含量不高。同时，各地区研发中心普遍存在着“小而全”、重复建设、研发力量分散、覆盖范围小、重研发轻应用的情况。在对未来发展具有关键、颠覆性影响的重大技术创新上，欧美国家的领先优势和我国的弱势地位形成鲜明对比。二是核心技术对外依赖程度较高。长期以来，我国企业对基础性、配套性产品的重视不够，很多关键基础材料、核心基础零部件依赖进口。95%的高档数控系统，80%的芯片，几乎全部高档液压件、密封件和发动机要依靠进口，使得这些行业沦为组装加工业，产品附加值较低。国产风电机组传动齿轮保修期仅 2 年，而国外产品寿命一般在 20 年以上，轴承和对接螺栓等全部从国外进口。高端机械装备主轴承平均寿命约 300 小时，仅相当于美国 20 世纪 60 年代的 1%，且故障频发。薄弱的基础能力限制了我国先进制造业整机能力的提升。三是自有品牌影响力低，盈利能力差。2013 年世界品牌 500 强中，我国内地有 25 个品牌入选，远低于美国的 232 个；2012 年，苹果利润总额为 417 亿美元，而我国电子信息百强企业利润总和仅为 141 亿美元。四是企业研发投入逐年增长，但与发达国家还有很大差距。2012 年，中国研发经费支出 10298.4 亿元，占 GDP 的 1.98%，而企业研发经费投入达到 7625 亿元，占全部经费投入的 74%。但是，科技活动经费和研究开发经费占销售收入的比重远远低于国际先进水平。① 以上数据充分说明，我国企业距离成为真正的自主创新主体还有很长的一段路要走。

基于企业在自主创新中发挥越来越重要作用的情况，党的十八届三中全会通过的《中共中央关于全面深化改革若干重大问题的决定》明确指出，深化科技体制改革，必须“建立产学研协同创新机制，强化企业在技术创新中的主体地位，发挥大型企业创新骨干作用，激发中小企业创新活力，推进应用型技术研发机构市场化、企业化改革，建设国家创新体系。”② 我们要努力拓宽让企业成为自主创新主体的路径。一是深化体制机制改革，转变资源配置方式。2014 年 6 月 9 日，习近平总书记在中国科学院和中国工程院院士大会上强调，实施创新驱动发展战略，最根本的是要增强自主创新能力，最紧迫的是要破除体制机制障碍。企业是市场的主体，但我国现有体制阻碍了企业主体地位的发挥。要继续深化改革，使市场在资源配置中起决定性作用，全面释放企业发展活力。从减少行政审批事项入手，真正建立以企业为主

---

① 罗文：《从战略上推动我国先进制造业发展》，载《求是》2014 年第 10 期。

② 《中共中央关于全面深化改革若干重大问题的决定》，载《人民日报》2013 年 11 月 13 日。

体的投融资体系。实施负面清单制度，建立透明而公正的市场准入制度，让创新型企业脱颖而出。同时，要更好地发挥政府作用。各级政府要创造良好的市场环境，保障市场竞争的公平、公正、公开，激发人们的创业热情和企业创造活力。二是增强企业技术创新的内在动力。把技术创新能力作为国有企业考核的重要指标，把技术要素参与分配作为高新技术企业产权制度改革的重要内容。坚持应用开发类科研机构企业化的转制方向，深化企业化转制科研机构产权制度等方面的改革，形成完善的管理体制和合理、有效的奖励机制，使之在高新技术产业化和行业技术创新中发挥骨干作用。三是强化创新驱动战略，提高企业的核心竞争力。企业是创新动力最强、成果应用最迅速、技术竞争最激烈的领域。要建立以企业为主体的创新体系，引导创新资源聚集聚合，推进产学研用一体化，加快高校和科研院所创新成果的有序转化。在全社会营造良好的创新环境，提高企业和科研机构从事创新的意愿。四是发挥政府投资引导作用，建立多元化投融资体系。要创新投融资模式，鼓励社会资本以股权、债券等形式参与企业发展，拓宽企业融资渠道。鼓励金融机构优先支持自主创新能力强的企业，对有研发能力的中小企业要给予更多的资金支持。积极探索多种担保方式，完善担保机制与功能，努力改变中小企业融资难的现状。五是加快培养创新型技术人才。根据企业发展需求，建立企业、高校、科研院所相互融合的人才培养模式，在培养创新人才的同时关注技术人才的培养。以企业需求为导向，创新产学研合作机制，建立校企结合的人才综合培训和实践基地，加快形成一大批产业技术创新领军人才和高水平团队。①

3.3.3 不断深化科技体制改革，营造创新环境

党的十八届三中全会指出，建设国家创新体系，当前关键是要深化科技体制改革。科技创新离不开管理创新和体制创新的保障和支持，更自觉更坚定地走中国特色自主创新道

① 罗文：《从战略上推动我国先进制造业发展》，载《求是》2014 年第 10 期。

路，必须不断深化科技体制改革，为科技创新提供良好制度保证。改革开放以来，我国科技体制改革不断深入，极大解放和发展了科技生产力。同时，我们也必须清醒认识到，我国科技体制与加快转变经济发展方式、抢占未来发展制高点的迫切需要仍不适应，与新一轮科技革命和科技创新驱动发展的新要求仍不适应，与社会主义市场经济体制仍不适应。主要表现为："企业技术创新主体地位没有真正确立，产学研结合不够紧密，科技与经济结合问题没有从根本上解决，原创性科技成果较少，关键技术自给率较低；一些科技资源配置过度行政化，分散重复封闭低效等问题突出，科技项目及经费管理不尽合理，研发和成果转移转化效率不高；科技评价导向不够合理，科研诚信和创新文化建设薄弱，科技人员的积极性、创造性还没有得到充分发挥。"①

这些问题严重制约了国家整体创新能力的提高。针对这些现实存在的问题，必须深化改革，从以下五个方面加以改进和完善：

第一，支持鼓励企业成为技术创新主体。我国要建设以企业为主体、市场为导向、产学研相结合的技术创新体系，使企业真正成为研究开发投入的主体、技术创新活动的主体和创新成果应用的主体，全面提升企业的自主创新能力。但是目前，从总体上看，我国企业还没有成为技术创新的主体。我国中小型企业约占全社会企业的99.6%，普遍缺乏自主创新意识和自主创新动力，技术研发的人才资源严重匮乏，技术研发经费投入不足，满足于简单的贴牌生产，对技术发展趋势的判断能力、对市场需求变化的预测能力以及规避技术创新风险的能力不强。即使是大型企业或企业集团，其自主创新能力与发达国家的同类企业相比较也存在很大差距。所以，我们对实现"企业真正成为技术创新主体"的战略目标的长期性、艰巨性、复杂性，应该有一个充分的估计。要使企业真正成为技术创新的主体，需要全社会做出共同的努力。需要一个为企业成为创新主体精心培育和支持发

---

① 《中共中央国务院关于深化科技体制改革加快国家创新体系建设的意见》，载《国务院公报》2012 年 9 月 23 日。

展的过程，需要一个有利于企业自主创新的社会舆论环境与文化氛围，需要一个有利于企业自主创新的法律、政策和市场环境，需要一个有利于企业自主创新的政府有力的引导和高效的服务。

第二，深化科研机构改革。从事基础研究、前沿技术研究和社会公益研究的科研机构，是我国科技创新的重要力量。充分发挥科研机构的重要作用，必须以提高创新能力为目标，以健全机制为重点，进一步深化管理体制改革，加快建设“职责明确、评价科学、开放有序、管理规范”的现代科研院所制度。应该按照国家赋予的职责定位加强科研机构建设，切实改变目前部分科研机构职责定位不清、力量分散、创新能力不强的局面。建立稳定支持科研机构创新活动的科技投入机制和有利于科研机构原始创新的运行机制，继续完善科研机构整体创新能力评价制度和科研机构开放合作的有效机制。

第三，推进科技管理体制改革。针对当前我国科技宏观管理中存在的突出问题，推进科技管理体制改革，重点是健全国家科技决策机制，努力消除体制机制性障碍。一要建立健全国家科技决策机制，完善国家重大科技决策议事程序，形成规范的咨询和决策机制。二要建立健全国家科技宏观协调机制，确立科技政策作为国家公共政策的基础地位，形成国家科技政策与经济政策协调互动的政策体系，加快国家科技行政管理部门职能转变，推进依法行政，提高宏观管理能力和服务水平。三要改革科技评审与评估制度，要体现公正、公平、公开和鼓励创新的原则，为各类人才特别是青年人才的脱颖而出创造条件。四要改革科技成果评价和奖励制度，根据科技创新活动的不同特点，按照公开公正、科学规范、精简高效的原则，完善科研评价制度和指标体系，改变评价过多过繁的现象，避免急功近利和短期行为。

第四，全面推进中国特色国家创新体系建设。深化科技体制改革的目标是推进和完善国家创新体系建设，中国特色国家创新体系建设重点应主要包括：建设以企业为主体、产学研结合的技术创新体系，并将其作为全面推进国家创新体系建设的突破口；建设科学研究与高等教育有机结合的知识创新体系；建设军民结合、寓军于民的国防科技创新体系；建设各具特色和优势的区域创新体系；建设社会化、网络化的科技中介服务体系。①

可见，深化科技体制改革就是要以服务国家目标和调动广大科技人员的积极性和创造性为出发点，以促进全社会科技资源高效配置和综合集成为重点，以建立企业为主体、产学研结合的技术创新体系为突破口，全面推进中国特色国家创新体系建设，大幅度提高国家自主创新能力。

3.3.4 推进教育创新，培育创新人才

人才是创新之本，是提升自主创新能力的第一资源，科技创新，关键在人才。培养大批具有创新精神的优秀人才，造就有利于人才辈出的良好环境，充分发挥科技人才的积极性、主动性、创造性，是建设创新型国家的战略举措。

第一，教育是建设创新型国家的基础。大力推动教育内涵式发展，按照优先发展、育人为本、改革创新、促进公平、提高质量的工作方针，统筹教育规模、结构、质量、效益，把提高质量作为教育改革和发展的核心任务。一是中小学要深化教学内容和方法的改革，努力提高中小学生科学文化素养；二是高等院校要适应国家科技发展战略和市场对创新人才的需求，加强科技创新与人才培养的有机结合，支持研究生参与或承担科研项目，鼓励本科生投入科研工作，在创新实践中培养他们的探索兴趣和科学精神；三是要继续加强职业教育、继续教育与培训，培养适应经济社会发展需求的各类实用技术专业人才。

第二，人才是建设创新型国家的核心。坚持贯彻尊重劳动、尊重知识、尊重人才、尊重创造的方针，全面实施人才强国战略，确立人才优先发展战略布局，牢固树立人才资源是第一资源的观念，以高层次人才、高技能人才为重点，统筹推进各类人才队伍建设，培养造就规模宏大、结构优化、布局合理、素质优良的人才队伍。坚持在创新实践中发现人

① 《中共中央国务院关于深化科技体制改革加快国家创新体系建设的意见》，载《国务院公报》2012年9月23日。

才、在创新活动中培育人才、在创新事业中凝聚人才。依托国家重大人才培养计划、重大科研和重大工程项目、重点学科和重点科研基地、国际学术交流和合作项目，积极推进创新团队建设，努力培养一批德才兼备、国际一流的科技尖子人才、国际级科学大师和科技领军人物，特别是要抓紧培养造就一批中青年高级专家。

第三，构建有利于创新人才成长的文化环境。努力营造鼓励人才干事业、支持人才干成事业、帮助人才干好事业的社会环境，形成有利于优秀人才脱颖而出的体制机制，最大限度地激发科技人员的创新激情和活力，提高创新效率，特别是要为年轻人才施展才干提供更多的机会和更大的舞台，为多样化、个性化、创新型人才成长提供良好环境和机制。

党的十八大以来，习近平总书记特别重视创新驱动发展战略，强调指出，新一轮科技革命和产业变革正在孕育兴起，一些重要科学问题和关键核心技术已经呈现出革命性突破的先兆，带动关键技术交叉融合、群体跃进、变革突破的能量正在不断积累；机会稍纵即逝，抓住了就是机遇，抓不住就是挑战。纵观世界现代化的发展历程，谁抓住了科技革命的机遇，谁就将发展的主动权掌握在自己手里。科技兴则民族兴，科技强则国家强。① 走中国特色自主创新道路、建设创新型国家，实质上就是要实现经济发展由要素驱动向创新驱动的根本转变。

① 中国共产党中国科学院党组：《决定中华民族前途命运的重大战略——学习习近平总书记关于创新驱动发展战略的重要论述》，载《求是》2014 年第 3 期。

第 4 章 促进工业化、信息化、城镇化、农业现代化同步发展

在信息化浪潮席卷全球，掌握科技就是掌握未来世界主动权的关键时期，党的十八大报告首次提出了社会主义现代化建设新时期的“新四化”及其相互关系。“坚持走中国特色新型工业化、信息化、城镇化、农业现代化道路，推动信息化和工业化深度融合、工业化和城镇化良性互动、城镇化和农业现代化相互协调，促进工业化、信息化、城镇化、农业现代化同步发展。”① 其中，城镇化是“新四化”的核心，是中国未来 20 年经济社会建设走向的主旋律；信息化是工业现代化的孪生兄弟，是工业化发展到一定程度的必然结果；工业化和信息化是“新四化”的保障；农业是国民经济的根本，“三农”问题事关整个国民经济的命脉，农业现代化是“新四化”的基础。

4.1 中国特色新型工业化道路

实现工业化，是我国经济社会发展不可逾越的历史阶段。走中国特色新型工业化道路，是适应我国经济社会发展的阶段性特征和根本要求的必然选择。2000 年 10 月，党的十五届五中全会指出：“继续完成工业化是我国现代化进程中的艰巨的历史性任务。大力推进国民经济和社会信息化，是覆盖现代化建设全局的战略举措。以信息化带动工业化，发挥后发优势，实现社会生产力的跨越式发展。”② 以此为

---

① 胡锦涛：《坚定不移沿着中国特色社会主义道路前进 为全面建成小康社会而奋斗——在中国共产党第十八次全国代表大会上的报告》，人民出版社 2012 年版，第 20 页。

② 中共中央文献研究室：《中共中央关于制定国民经济和社会发展第十个五年计划的建议》，《十五大以来重要文献选编》（中），人民出版社 2001 年版，第 1371 页。

标志，我们党开始了对新型工业化道路的基本思路和方针政策的探索，完成了对工业化认识的转变。中国特色新型工业化道路具有丰富的内涵和显著特征。走好中国特色新型工业化建设之路，必须立足于中国的具体国情，总结我国工业化进程中的经验和教训，同时还要积极借鉴国外发达国家工业化建设的成功范例。

4.1.1 中国特色新型工业化道路的基本内涵

“新型工业化道路”的概念最早是在党的十六大上提出的。十六大报告指出：“坚持以信息化带动工业化，以工业化促进信息化，走出一条科技含量高、经济效益好、资源消耗低、环境污染少、人力资源优势得到充分发挥的新型工业化路子。”① 十七大报告进一步强调要坚持走中国特色新型工业化道路，提出“一个方针，三个转变”的思想，坚持扩大国内需求特别是消费需求的方针，促进经济增长由主要依靠投资、出口拉动向依靠消费、投资、出口协调拉动转变，由主要依靠第二产业带动向依靠第一、第二、第三产业协同带动转变，由主要依靠增加物质资源消费向主要依靠科技进步、劳动者素质提高、管理创新转变。针对中国工业化发展面临的人口红利逐步减退、结构性矛盾更加突出等一系列挑战，十八大报告进一步强调，要“坚持走中国特色新型工业化、信息化、城镇化、农业现代化道路”，努力“促进工业化、信息化、城镇化、农业现代化同步发展”。“四化”同步是党在深刻认识经济社会发展客观规律的基础上，结合当今信息化、经济全球化的时代特征，指引我国经济发展的与时俱进的新理论。

第一，中国特色新型工业化道路的基本涵义。从世界工业化进程来看，不同国家由于自然地理环境、资源禀赋、经济社会发展水平、制度和政策因素、科学技术条件等因素的不同，采取了不同的工业化道路。我国基于社会主义

---

① 中共中央文献研究室：《全国建设小康社会，开创中国特色社会主义事业新局面》，《十六大以来重要文献选编》（上），中央文献出版社2005年版，第16页。

初级阶段的国情，提出了走中国特色新型工业化道路。中国特色新型工业化道路内涵丰富，主要体现在以下几个方面：

一是中国特色新型工业化道路是以信息化带动工业化，工业化促进信息化，实现跨越式发展的工业化。我国是一个后发工业化国家，在现代化和新型工业化的建设中，要积极借鉴发达国家工业化和市场过程中的经验和教训，以信息技术为动力，在相对较短的时间内加速完成工业化进程。近年来我国的信息化发展很快，为实现中国特色新型工业化创造了条件，完全可以在工业化过程中推进信息化，以信息化带动工业化，从而发挥后发优势来实现生产力的跨越式发展。

二是中国特色新型工业化是以经济效益好、增长质量高为标志的工业化。我国传统的工业发展模式具有高投入、高消耗、低效益、低质量的特征，片面追求经济总量的扩张和增长的高速度，忽视增长质量和经济效益，是粗放型的增长方式；新型工业化则要求采用集约化的增长方式，注重经济效益和经济增长质量，走一条低投入、低消耗、高效益、高质量的发展道路。

三是中国特色新型工业化是能充分发挥我国劳动力资源优势的工业化。人口众多，劳动力成本比较低，是我国工业化资源禀赋的特殊性。因此，应合理组合劳动力、资金、技术等资源，在工业化进程中处理好资金技术密集型和劳动密集型产业的关系，处理好高新技术产业和传统产业的关系，处理好虚拟经济和实体经济的关系，在提高劳动生产率的同时，扩大就业，充分发挥我国劳动力资源的优势。

四是中国特色新型工业化是同可持续发展战略相结合的工业化。过去粗放型的发展方式产生了资源的掠夺性消耗和环境的严重破坏等问题，走的是一条高消耗、高污染、高排放的传统工业化道路。中国特色新型工业化道路是和可持续发展结合在一起的，要求发展以信息技术为先导的高新技术产业在迅速提高经济增长率的同时，可以降低工业化对环境的污染，从而促进环保产业的快速发展。环保产业的发展与其他产业的发展形成互动，形成工业化与环保的良性循环，达到工业化可持续发展的目的。①

第二，中国特色新型工业化道路的特点。中国特色新型工业化道路区别于其他工业化道路的特点有以下几个方面：

一是工业化与信息化深度融合。在推进工业化进程中，我国不断扩大信息技术在各产业领域中的应用，不断提高各产业间的协调性，日益实现工业化与信息化的耦合发展，充分利用后发优势和比较优势，不断进行技术创新，逐步缩小与发达国家的差距。

二是工业化与城镇化良性互动。工业化是城镇化的发动机，城镇化是工业化的孵化器，两者呈现明显的正相关性。工业化的发展，为城镇化提供产业支撑，提供就业岗位和就业机会，帮助城镇吸纳大量的农业转移人口；城镇化的发展，为工业化提供发展空间，拉动消费，进而带动工业的发展。

三是坚持资源节约、环境友好。发达国家实现工业化，大多数是以消耗能源、牺牲环境为代价的。中国特色新型工业化道路力戒走西方国家先污染后治理的老路，坚持节约资源和保护环境的基本国策。走中国特色新型工业化道路，就要注意节约资源，实现绿色发展、低碳发展、循环发展。

四是坚持自主创新。科技进步和自主创新是实现工业化、现代化的决定性因素。中国特色新型工业化道路，就是坚持把经济发展建立在科技进步的基础上，带动工业化在高起点上迅速发展；以市场为导向、产学研用相结合，引导创新要素向企业聚集，推动形成企业创新的协作机制和可持续的内在动力，不断促进自主创新和工业整体竞争力。

五是坚持以人为本。注重保护劳动者的利益，千方百计增加居民收入，完善社会保障制度，提高居民生活水平。在工业化发展的同时，注重民生建设和社会建设，让人民群众共享改革发展的成果。这是科学发展观的客观要求，也是由社会主义国家性质决定的。

① 李健：《关于中国新型工业化道路若干理论问题的探讨》，载《商场现代化》2006 年 4 月上旬刊。

4.1.2　中国特色新型工业化道路的战略举措

走中国特色新型工业化道路必须立足于我国正处于并将长期处于社会主义初级阶段的基本国情，认真总结改革前后两个时期工业化发展的经验，充分借鉴吸收国外工业化建设的有利因素，促进经济结构调整和实现产业结构优化升级，不断增强企业活力和自主创新能力，让企业真正成为自主创新的主体。

第一，统筹区域发展。根据邓小平的部署，当东部发展到一定程度的时候就要放手发展中西部，沿海要帮助内地，城市要帮助乡村。党的十六届三中全会《中共中央关于完善社会主义市场经济体制若干问题的决定》提出了统筹区域发展、形成促进区域经济协调发展机制的目标和任务。所谓统筹区域发展，就是要发挥各个地区的优势，逐步扭转地区差距扩大的趋势，实现共同发展、共同富裕、共同繁荣，使东中西部地区之间和各个地区内部不同区域之间相互促进、良性互动，经济、政治、文化相互推动。东部发展需要的资源在西部，而西部发展需要的技术和市场在东部，从而为东西部协调发展创造了契机。

第二，统筹城乡发展，促进城乡一体化发展。在我国工业化发展前期，农业支持工业，农村支持城市，为工业发展提供积累。在工业化发展中后期，工业要反哺农业、城市要支持农村，形成以工促农、以城带乡、工农互惠、城乡一体的新型工农、城乡关系。

第三，推进经济结构战略性调整，促进经济发展由主要依靠投资、出口拉动向依靠消费、投资、出口协调拉动转变，由主要依靠第二产业带动向依靠第一、第二、第三产业协同带动转变，由主要依靠增加物质资源消耗向主要依靠科技进步、劳动者素质提高、管理创新转变。推动区域协调发展，解决制约经济持续健康发展的重大结构化问题。

第四，增强企业活力和自主创新能力。企业是工业化发展的主力军，企业变大变强是工业化实现的前提。首先，要建立现代企业制度，增强企业的内生动力；其次，企业还要注意以全球视野不断创新，提高原始创新、集成创新和引进消化吸收再创新能力，更加注重协同创新；最后，运用先进科技促进传统产业转型，大力扶持高新技术产业发展。

可见，中国特色新型工业化道路，不是简单重复发达国家的工业化进程，而是从我国国情出发，在充分汲取世界各国工业化经验教训的基础上，立足于当今时代经济科技发展新水平，充分发挥自身比较优势和后发优势的中国特色新型工业化道路。

4.2 中国特色信息化道路

信息化是21世纪的一大特征，并且已经成为全球许多国家的发展战略。2001年，在国家信息化领导小组第一次会议上，朱镕基同志提出中国要研究中国特色信息化问题，2002年，专家委成立后的第一次专家论坛的主题就是走中国特色信息化道路。《2006—2020年国家信息化发展战略》正式提出“走中国特色信息化道路”的表述。十七大报告中指出：要“全面认识工业化、信息化、城镇化、市场化、国际化深入发展的新形势新任务”①，温家宝同志在《关于深入贯彻落实科学发展观的若干重大问题》中提出：“大力推进信息化与工业化融合”②，凸显了信息化的作用和必要性。十八大报告中，信息化更被提升到国家战略的高度。

4.2.1 中国特色信息化道路的内涵

信息化是指利用现代信息技术对人类社会生产体系进行全面的改造，是人类社会的政治、经济、社会、军事、文化等各个方面适应信息社会的发展和需求，从而推动人类进步。③ 信息化的过程实质上是第三次产业革命的过程，是生产力的又一次飞跃。我国必须紧紧抓住信息社会的契机，加

---

① 中共中央文献研究室：《十七大以来重要文献选编》（上），中央文献出版社2009年版，第11页。

② 中共中央文献研究室：《十七大以来重要文献选编》（上），中央文献出版社2009年版，第707页。

③ 中国信息协会：《我国信息化发展战——中国信息协会“信息化发展战略高层论坛”综述》，载《中国创业投资与高科技》2005年第5期。

快实施信息化战略。我国的信息化，既要遵循一般规律，又要符合本国特殊国情。

第一，西方发达国家是在工业化的基础上进行的信息化，而我国工业化和信息化则要同步进行。我国工业化正处于中后期阶段，工业化还远未完成，信息产业的基础设施条件相对较差，相关制度和法律法规不太健全，高科技人才依然匮乏。

第二，产业结构不平衡问题突出。产业结构中，第二产业是支柱产业，第一、第三产业相对较弱。在第一产业中，传统的自给自足的农业形态依然占据很大比重，现代化农业远未普及。虽然2013年第三产业占GDP的比重首次超过了第二产业，但是第三产业的质量并不高，低水平重复建设现象严重。

第三，信息化发展速度加快、水平有所提高。我国信息化建设的总体特点是起点低、发展速度快。当前，我国已经建成覆盖范围广，传输能力强的骨干传输网络，接近世界先进水平。电信网络和用户规模位居世界第一。中国加入WTO以来，大批企业相继开发了信息系统，许多制度与国际接轨，信息化标准的统一有利于引进国外先进技术和成果，促进自身发展。

中国特色的信息化道路就是利用现代信息技术解决中国现代化建设中与社会发展中、经济与社会转型中的重大问题的道路。信息化与工业化、农业现代化和城镇化相互交融，因此，实现信息化对实现“四化”同步具有重要意义。

4.2.2 中国特色信息化道路的战略举措

实现信息化任重道远。目前物流业信息化、服务业信息化、节能减排信息化、安全生产信息化、电子商务和电子政务是信息化的热点领域。国家先后在广西柳州、桂林和湖南长株潭城市群等地区建立两化融合试验区，探索信息化实现途径。走中国特色信息化道路应该将重点放在以下几个方面：

第一，加强自主创新能力，培育自有核心技术。信息产业是关系国家安全的重要产业，而我国在这一领域自有技术比较弱，对外技术依存度高，信息安全性没有保证。缺乏自有核心技术使我国企业在国际竞争中处于产业链的低端，占有核心技术的外国企业在国际竞争中处于优势，控制话语权。中国广阔的消费市场呼唤着自有技术和自有优质产品的涌现，走中国特色信息化道路就必须加强自主创新能力，逐步摆脱对外国技术的依赖，保障信息安全。

第二，推进企业信息化建设，繁荣电子商务。企业运用信息系统，能够更加灵敏地应对机遇和挑战，精确地管理和控制成本，准确地预测市场环境的变化。推进企业信息化建设，还要完善信用体系建设，加强对支付平台的管理，推进物流信息化建设。

第三，培育信息化人才，有效开发和利用信息资源。政府可以有针对性地开展信息化培训，有意识地传播信息化知识。通过建立信息化应用试点、举办信息资源应用交流会等形式，建立信息资源共享平台。加强政府信息资源的公开和共享，推动公益性信息资源的利用，促进经营性信息资源的市场化开发，培育和繁荣信息内容市场，促进信息服务业发展。①

第四，加强政府对信息化的规划和指导。要根据国家整体发展规划纲要，把握规律，相应制定信息化规划。政府既要着眼全局，推动各地信息产业同步发展，又要立足本身，因地制宜，根据各地实际情况，科学管理信息事务。

4.2.3 信息化和工业化深度融合

信息化与工业化的深度融合是以技术创新为核心，以工业能力提升为主导，是信息化、工业化二者共同发展到一定程度之后，双方的要素、手段和形态从相互结合、渗透到彼此融入、合二为一，实现从量变到质变的相互作用的过程。② 虽然我国传统的工业模式为经济发展作出巨大贡献，保持了近年来举世瞩目的高速增长，但是粗放型经济增长方式无法在信息化浪潮中抢占先机。因此，我国必

① 乌家培：《探索有中国特色的信息化道路》，载《江西财经大学学报》2002 年第 4 期。

② 王建伟：《关于信息化与工业化深度融合的探讨》，载《中国电子报》2011 年 1 月 14 日。

须紧抓信息化之翼，独创“两化”融合的模式。根据《信息化和工业化深度融合专项行动计划（2013—2018 年）》的统一部署，工业化和信息化要实现深度融合必须抓好以下八个方面：

第一，建立并推广“企业两化融合管理体系”标准。建立全国性的第三方认定服务体系，推动企业建立、实施和改进两化融合管理体系，促使企业稳定获取预期的信息化成效，引领企业打造和提升信息化环境下的竞争能力。

第二，企业两化深度融合示范推广。依据工业企业两化融合评估规范，支持行业和区域开展企业对标，加强示范带动，引导企业逐级提升，促进企业创新能力、劳动生产率、产品质量等核心竞争力整体提高。

第三，提升中小企业两化融合能力。持续深入推进中小企业信息化工程，进一步完善面向中小微企业的信息化服务体系，降低中小微企业信息化应用门槛，解决中小微企业存在的突出困难，增强中小微企业发展活力。

第四，推进电子商务和物流信息化的集成创新。深化重点行业电子商务应用，提高行业物流信息化和供应链协同水平，促进新型生产性服务业发展壮大，创新业务协作流程和价值创造模式，提高产业链整体效率。

第五，提升重点领域智能化水平。加快民爆、危化、食品、稀土、农药以及重点用能行业智能监测监管体系建设，提高重点高危行业安全生产水平。

第六，培育智能制造生产模式。面向国民经济重点领域智能制造需求，创新智能制造装备产品，提高重大成套设备及生产线系统集成水平。

第七，推动互联网与工业的融合。深化物联网、互联网在工业中的应用，加快工业生产向网络化、智能化、柔性化和服务化转变，延伸产业链，培育新业态，推动中国制造向中国创造转变。

第八，提升信息产业支撑服务能力。突破一批核心关键技术，逐步形成安全可控的现代信息技术产业体系。信息化综合服务体系基本完善，信息技术与传统工业技术协同创新能力得到增强，新型工业化产业示范基地服务能力显著提升。①

4.3 中国特色新型城镇化道路

《国家新型城镇化规划（2014—2020年）》指出：“城镇化是伴随工业化发展，非农产业在城镇集聚、农村人口向城镇集中的自然历史过程，是人类社会发展的客观趋势，是国家现代化的重要标志。”② 城镇化是推动中国经济增长的强大动力，也是中国未来发展的战略支点。改革开放30多年来，在工业化、信息化和农业现代化的带动下，我国的城镇化建设得到了持续稳定的快速发展，到2011年我国的城镇人口在总人口中的比重首次超过50%，从统计学的意义上讲，中国开始进入“城市化”国家行列，相应地，我国社会形态由乡村型转变为城市型。

4.3.1 中国特色新型城镇化道路的科学内涵和指导原则

第一，中国特色新型城镇化道路的基本内涵。改革开放以来，我国城镇化渐行渐快，其成就世所罕见。据国家统计局公布的数据显示，我国的城镇化率由1978年的17.9%迅速增长到2013年的53.7%，年均提高1.02个百分点，超过世界平均水平；城镇人口由1978年的1.72亿人，增长到2013年的7.31亿人，年均增长1 644万人。但同时我们必须注意到，我国城镇化质量问题日益凸显：农业转移人口市民化进程滞后；城镇用地粗放低效、占地过多，资源环境承载力已经减弱；“半城镇化”、“被城镇化”、“大跃进”城镇化现象突出；“城市病”问题日益严重等。基于此，党的十八大报告提出“城镇化质量明显提高”的要求。因此，在新的时代背景下，必须转换思路，探索新型城镇化道路。

中国特色的新型城镇化道路必须体现“中国特色“，主

① 《信息化和工业化深度融合专项行动计划（2013—2018年）（节选）》，载《信息技术与信息化》2013年第5期。

② 《国家新型城镇化规划（2014—2020年）》，载《人民日报》2014年3月17日。

要表现在：其一，推进城镇化建设必须立足于中国的国情。我们必须根据中国的特点走中国特色的新型城镇化道路，这就是我们最大的国情。其二，必须走出一条科技含量高、经济效益好、资源消耗低、环境污染少、成果人人共享的集约、智能、绿色、低碳的新型城镇化道路。其三，中国的城镇化建设必须与工业化、信息化和农业现代化协同推进、共同发展，工业化与城镇化要耦合互动，信息化与城镇化要深度融合，农业现代化与城镇化要协调发展。

综上所述，中国特色新型城镇化道路，是指以马克思主义人本思想和科学发展观为理论指导，坚持人的城镇化为核心，坚持“四化”同步协调发展为原则，坚持以大中小城市和小城镇共同推进为重点，走以突出城镇文化为特色的集约、智能、绿色、低碳的农村城镇化道路。新型城镇化的“新”主要体现在由过去片面进行“摊大饼”式的地域扩张改变为注重公共服务、城市文化等内涵发展和质量提高，让进城农民进得来、住得下、留得住，过上真正的有尊严的城里人生活。

第二，中国特色新型城镇化道路的指导原则。改革开放以来，特别是我们党明确提出科学发展观以来，我国城镇化建设的理念正在发生变化，即由“以物为本”向“以人为本”转变。推进以人为核心的城镇化，必须遵循如下原则：

其一，坚持“以人为本，公平共享”的原则。以人的城镇化为核心，注重提高城镇人口素质和居民生活质量，把有能力在城镇稳定就业和生活的常住人口有序转为市民。有序推动农业转移人口市民化，是推进以人为核心的城镇化的首要任务。要推进户籍制度的改革，有序推进有进城意愿、在城市居住有一定年限而又符合条件的农业转移人口市民化，实现新型城镇化的共建共享。

其二，坚持“四化同步，统筹城乡”的原则。近年来，党和政府提出要同步推进工业化、信息化、城镇化和农业现代化，即“四化同步”。结合现阶段我国的实际情况，目前应将重点放在工业化和城镇化的良性互动、城镇化和农业现代化的协调发展上，努力形成以工促农、以城带乡、工农互惠、城乡一体的新型工农、城乡关系。统筹城乡发展，以期逐步缩小城乡差距、推动农业现代化的快速发展。

其三，坚持“优化布局，集约高效”的原则。根据资源环境的综合承载能力科学合理地规划城市布局，把城市群作为主体形态，促进大中小城市协同发展，加快发展中小城市和特色小城镇。对于已经建好城区、开发区等要推进功能转型和产城融合，加强对现有城市功能的升级改造，把城市的单一功能升级为多元功能，真正实现城市的人口集聚和产业集聚功能。

其四，坚持“生态文明，绿色低碳”的原则。推进生态城镇化是人类社会发展和生态文明发展的共同结果。资源环境的承载能力和可再生能力是人类社会生存和发展的前提与基础，先污染、后治理的老路已经走不通。在认真总结国内外城市化的经验教训的基础上，我们不得不重新审视人与自然的关系，探寻城市发展的正确路径。于是，建立以集约、智能、绿色、低碳为主要特征的生态城镇成为我国提高新型城镇化质量的主要方向。

其五，坚持“文化传承，彰显特色”的原则。根据《国家新型城镇化建设规划（2014—2020年）》的统一部署，城镇化进程中要“防止千城一面，发展有历史记忆、文化脉络、地域风貌、民族特点的美丽城镇，形成符合实际、各具特色的城镇化发展模式”。① 新建城镇要融入人文城市的理念，不能千城一面；旧城改造过程中，要注意保护历史文化遗产和民族文化传统；对现有的历史文化名城、名镇、名街要加大保护力度，加快地方特色文化的发展，形成城市名片，保存城市记忆。

4.3.2　中国特色新型城镇化道路的内容和特征

中国特色新型城镇化道路具有丰富的内容和鲜明的特征：

第一，中国特色新型城镇化道路的内容。一是“四化”同步，即坚持工业化、农业现代化、信息化助推城镇化发

① 《国家新型城镇化规划（2014—2020年）》，载《人民日报》2014年3月17日。

展。反过来，城镇化步伐的前进为工业化提供更加广阔的市场。城镇化有助于改变传统的农业分散经营模式，为农业走向专业化、集约化创造条件。新型城镇人口的消费需求刺激信息产业发展。二是人口、经济、资源和环境相协调，走可持续发展道路。在城镇化进程中，加强城市规划与管理，注重解决人口过多、城市水电供应紧张、交通拥堵、环境污染、社会治安不稳定等方面的“城市病”，建立生态美丽的中国。三是在空间布局上以城市群为主体形态，大、中、小城市与小城镇协调发展。城市群主要通过便利的城际交通网络缩短城市间地理距离，通过资源集中形成竞争优势，提升城市群竞争力。大、中、小城市与小城镇在经济发展、人口容纳能力等方面有显著差异，建设成本也大相径庭。应该促进大、中、小城市和小城镇协调发展，优势互补，共同完成城市化的历史使命。四是实现人的全面发展。中国特色新型城镇化道路的核心是以人为本。在推进城镇化进程中，必须坚持人性化和便利化原则。要坚持科学发展观为指导，倾听人民的呼声和需求，不断改善居住和生产环境，建设美丽和谐的城镇和城市。

所谓新型城镇化道路，应该包括四个方面的内容：工业化、信息化、城镇化、农业现代化“四化”协调，实现城镇带动、统筹城乡发展和农村文明延续的城镇化；人口、经济、资源和环境相协调，建设生态文明的美丽中国，实现中华民族永续发展的城镇化；在空间布局上以城市群为主体形态，大、中、小城市与小城镇协调发展的城镇化；实现人的全面发展，建设和谐社会和幸福中国的城镇化。①

第二，中国特色新型城镇化道路的特征。中国特色新型城镇化道路具有多元、渐进、集约、和谐、可持续和以人为本的特征。它适用于我国特殊国情，服务于现代化建设目标。

一是多元化。多元化的内涵十分丰富，比如，在规模上

---

① 黄锟：《中国新型城镇化道路的选择——“中国新型城镇化道路”研讨会暨全国行政学院系统经济学科 2012 年年会综述》，载《中国经济时报》2013 年 1 月 15 日。

要大中小城市与小城镇协调发展，在区域上要不同区域发展模式存在差异，在机制上强调市场机制与宏观调控相结合，在动力上需要多种经济成分、多种产业共同拉动。二是渐进型。渐进型是指城镇化进程不能一蹴而就，必须保持与经济发展、社会进步相适应。城镇化的推进必须与经济社会发展水平相适应，既不能搞“大跃进”式的城镇化，也不能缓慢不前。三是和谐型。和谐型强调在城镇化进程中建设和谐社会。这就要求改变城乡二元结构，完善就业、教育、基本医疗、社会保障等体系。建立完善的社会公共服务体系，改善居民生活水平。四是集约化。集约化是指提高资源利用效率，保护耕地资源。合理规划使用城市用地，反对土地资源过度开发与闲置浪费，积极支持城市群与都市圈发展，综合运用城市各种资源，促进区域协调与合作。五是可持续发展。新型城镇化道路必须统筹城乡发展，实现城乡良性互动。坚持节约资源和保护环境的基本国策，落实科学发展观。六是以人为本。以人为本是中国特色新型城镇化道路的核心，是科学发展观的要求。要坚持以人为本的原则，保障农民工群体的合法权益，使他们平等地享受各项权利，获得公平的回报。着力提高居民生活水平，提高居民幸福感与满足感。

4.3.3　中国特色新型城镇化道路的战略举措

中国已经步入工业化中后期，与此相适应，走中国特色新型城镇化道路必须采取以下战略步骤：

第一，坚持“四化”同步。目前，我国农村城镇化已经处于中后期阶段。在这个阶段中，农业现代化是农村城镇化的基础性产业动力，现代工业是城镇化的主导性产业动力，现代服务业是城镇化的后发性产业动力。信息产业作为先进生产力的代表，将成为城镇化的强劲产业动力。这也是中国城镇化区别于欧美的重要特征。

第二，改革和创新体制机制。推进新型城镇化，必须建立健全符合新情况新要求的新体制机制。加快推进户籍改革，建立公平的农民工落户标准，逐步消除城乡分割的二元户籍制度。深化土地制度改革，加快改革征地制度，创新土地流转承包措施，确保农民的财产性收入。完善城镇住房保障体系建设，加大保障房、廉租房建设，保障低收入居民基本居住需要，不断改善居民居住条件。深化财税金融体制法改革，有效引导资金优化配置，实现科学发展。加快市政体制改革，加强对公权力的制约与监督，提高政府管理和服务能力，鼓励居民积极参与政治生活，维护自身权益。

第三，统筹城乡发展。一座城市的发展需要城乡协调配合。应该制定科学合理的城乡规划，避免城乡建设的资源浪费和相互干扰。打破城乡二元经济结构的制约，促进资源、要素在城乡之间自由流动。改革二元行政管理体制，提高人员、机构办事效率，减少人员冗余，降低行政成本。

第四，走渐进型、集约型、和谐型、可持续和以人为本的城镇化道路。在推进城镇化进程中，要科学把握城镇化推进的速度和节奏，避免出现以拉美国家为代表的“过度城市化”和以东亚国家为代表的“滞后城市化”现象。促进资源节约，保护短缺的水、土地等资源，努力提高资源利用效率。坚持和谐理念，维护社会弱势群体的利益，促进社会和谐稳定。大力建设生态文明，完善政绩考核体系，引入绿色GDP等新型考核标准。以人为本地帮助农村剩余劳动力顺利转移，鼓励开展技术培训，提升农民在就业市场的竞争力。

第五，支持城市群健康发展。城市群能有效地促进生产要素在不同城市和地区间合理流动和优化配置。在国家政策的支持和鼓励下，长株潭城市圈作为试点区域，取得显著成效。近年来，全国涌现许多“1小时经济圈”、“3小时经济圈”，城市圈、城市群建设成为一股热潮。

第六，优化产业结构，培育优势产业。我国城市间结构趋同问题比较突出。应该优化产业布局，推动产业集聚，建立工业园区、高新技术园区等，加快产业集聚。每个城市都应该挖掘自身特色产业，淘汰落后产业，集中资源发展优势产业，强化城市之间产业分工协作，实现分工协作与优势互补。

4.3.4 工业化和城镇化良性互动

从历史发展看，城镇化和工业化密切相关。工业化前期和中期，城镇化加速推进；同时，城镇化也相应促进工业的发展。工业化进入后期，逆城镇化现象出现，城镇化水平基本保持、稳定在较高水平。

城镇化是工业化的孵化器，工业化是城镇化的发动机。没有产业支撑的城镇化，就像缺了发动机的汽车，缺失活力和竞争力，而离开城镇的工业化，就像离群索居的老人，缺少发展空间和成长动力。2013 年 3 月 5 日，时任国务院副总理的李克强在参加山东代表团审议时强调，“推进工业化与信息化高度融合，是新型四化的重要标志。要加快信息等高新技术的推广应用，形成驱动创新的内力，在高起点上做强先进制造业、战略性新兴产业，带动传统产业升级，提升我国在全球产业链和价值链中的位置”。① 工业化和信息化的高度融合有利于工业产业的发展，可以为城镇化提供强有力的产业支撑和技术支持，有利于智慧型新兴城市的发展，有利于推动城镇化的进程。

当前世界上城镇化的实现有三种方式：第一种是同步城镇化，如欧美等发达国家；第二种是过度城镇化，比如拉美等发展中国家；第三种是滞后城镇化，以中国为典型代表。由于中国特殊的国情，中华人民共和国成立初期采取了优先发展工业的单向发展思维。长期以来，为了迅速地恢复和发展经济，快速地建立起工业体系，各级政府把大量的能源和资源用于工业领域，直接导致中国三大产业的畸形发展，农业基础地位薄弱，服务业发展缓慢，以致中国城镇化的步伐远远滞后于工业化的发展水平。此外，城乡二元的户籍制度导致城乡差距逐步拉大，导致城镇化缺乏后劲，没有服务业的城镇，接纳人口的功能大打折扣，导致城镇化发展缓慢。只有把握工业化和城镇化运行规律，实现工业化和城镇化的良性互动，才能科学有效地推进城镇化建设。从某种程度上说，工业化为城镇化提供经济支撑，城镇化为工业化提供空间依托。城镇化速度慢于工业化速度，城镇将不能给工业发展提供足够的市场，消费带动工业化的进程就会受阻；城镇

① 陈二厚，王海鹰：《同步推进新型四化统筹城乡协调发展》，载《人民日报》2013 年 3 月 6 日。

化速度快于工业化速度，城镇化所需要的产业支撑和供给就得不到有效保障。因此，在城镇化的进程中，要协调好城镇化和工业化的关系，使城镇化的发展速度与工业化的发展水平相匹配，特别是要加快产业的转型升级，大力发展新型产业，为城镇化的推进提供持久动力。

4.4 中国特色新型农业现代化道路

实现农业现代化，走中国特色农业现代化道路，是实现我国现代化建设的必然选择。改革开放以来，共产党人积极探索中国特色的农业现代化道路。

4.4.1 中国特色新型农业现代化道路的基本内涵

2007 年的中央一号文件全面阐释了新时期农业现代化的内涵，即“用现代物质条件装备农业，用现代科学技术改造农业，用现代产业体系提升农业，用现代经营形式推进农业，用现代发展理念引领农业，用培养新型农民发展农业，提高农业水利化、机械化和信息化水平，提高土地产出率、资源利用率和农业劳动生产率，提高农业素质、效益和竞争力”。① 一般认为，走中国特色新型农业现代化道路，就是要从我国的国情出发，坚持用工业化和信息化成果武装农业，实现农业生产智能化、信息化，提高农业生产效率，走出一条经济高效、产品绿色、可持续发展的农业发展的新路。

党的十七届三中全会明确指出，新形势下推进农村改革发展，要把走中国特色农业现代化道路作为基本方向。因此，在总结现代农业的基本特征和中国国情的基础上，可以把中国特色农业现代化道路的基本内涵概括为：立足于中国的基本国情和农业的发展阶段，遵循农业现代化建设的一般规律，以确保国家粮食安全、增加农民收入、促进农业可持续发展为目标，增加农业基础地位，推进农业发展方式的转变，大幅度提高农业综合生产能力，大幅度降低农业生产经营成本，大幅度增强农业可持续发展能力，全面提高农业现

① 《中共中央国务院关于积极发展现代农业扎实推进社会主义新农村建设的若干意见》，载《人民日报》2007 年 1 月 30 日。

代化水平，扎实推进社会主义新农村建设。

4.4.2 走中国特色新型农业现代化道路应遵循的基本原则

坚持走中国特色新型农业现代化道路，以转变农业发展方式为主线，以保障主要农产品有效供给和促进农民持续较快增收为主要目标，着力解决“三农”问题，为全面建设小康社会和国家现代化建设提供强有力的基础保证。走中国特色新型农业现代化道路必须坚持以下五项基本原则：

第一，坚持确保国家粮食安全。坚持立足国内实现粮食基本自给的方针，实行最严格的耕地保护和节约用地制度，加强农业基础设施建设，着力提高粮食综合生产能力，加快构建供给稳定、储备充足、调控有力、运转高效的粮食安全保障体系。

第二，坚持和完善农村基本经营制度。在保持农村土地承包关系稳定并长久不变的前提下，推进农业经营体制机制创新，坚决防止以发展现代农业为名强迫农民流转土地承包经营权、改变土地农业用途，切实尊重农民意愿，维护农民利益。

第三，坚持科教兴农和人才强农。加快农业科技自主创新和农业农村人才培养，加快农业科技成果转化与推广应用，提高农业物质技术装备水平，推动农业发展向主要依靠科技进步、劳动者素质提高和管理创新转变。

第四，坚持政府支持、农民主体、社会参与。强化政府支持作用，加大强农惠农富农力度，充分发挥农民的主体作用和首创精神，引导和鼓励社会资本投入农业，凝聚各方力量，合力推进现代农业发展。

第五，坚持分类指导、重点突破、梯次推进。进一步优化农业生产力布局，因地制宜地采取有选择、差别化扶持政策，支持主要农产品优势产区建设，鼓励有条件地区率先实现农业现代化，推动其他地区加快发展，全面提高农业现代化水平。①

① 《国务院关于印发全国现代农业发展规划（2011—2015年）的通知》，载《国务院公报》2012年5月。

4.4.3 走中国特色新型农业现代化道路的战略举措

农业丰则基础强，农民富则国家盛，农村稳则社会安。加强“三农”工作，积极稳妥推进农业现代化建设，是全面落实科学发展观、构建社会主义和谐社会的必然要求，是加快社会主义现代化建设的重大任务。此外，在“四化”同步建设中，城镇化、工业化和信息化发展迅速，而农业现代化明显落后于其他“三化”的步伐。因此农业现代化发展至关重要。如果农业现代化能够与新型工业化、城镇化、信息化同步发展，那么社会主义现代化建设目标的达成指日可待；反之，如果农业现代化跟不上工业化、城镇化和信息化步伐，整个现代化进程将会受到严重阻碍。走中国特色新型农业现代化道路需要从以下几个方面着手：

第一，建立农村投入稳定增长机制。不断增加中央和地方财政在“三农”方面的投入。通过严格的预算和监督机制保障农业资金合理利用。健全农村金融体系。综合发挥包括政策性银行——中国农业发展银行、商业银行、信用社在内的银行体系融资功能，解决农业发展资金缺乏问题。推广农业保险，降低农业生产的风险，增强农民抗风险的能力。

第二，大力推进农业支持保护工作。健全和完善农业支持补贴制度和风险防范机制，刺激农民生产的积极性。提高对农业基础设施建设的支持力度，优化基础设施建设结构。继续加大财政对农业生产的投入，优化财政资金的利用结构，创新财政资金利用方式，提高财政资金利用效率。加强农产品市场建设，培育多元市场主体，缩短流通环节，降低流通成本，稳步提高粮食最低收购价格，保障农民切身利益。

第三，提高农业科技水平和创新能力。我国农业的根本出路在于加快科技进步。要在日益严峻的资源约束条件下，实现农业的持续稳定增长，关键在于加快农业科技进步和创新，加大科技成果的转化和推广力度。在加大保护资源环境力度的基础上，走依靠农业科技进步、不断提高耕地产出率、资源利用率和劳动生产率的可持续发展的农业现代化道路，应建立以国家为主体，企业、农民和社会共同参与的农业科技创新体系，确保在农业科研和推广方面的经费投入以及科技成果的及时推广应用。

第四，转变农业农村经济发展方式。转变农业增长方式，要以保障粮食等重要农产品有效供给、提高农业市场竞争力和可持续发展能力、促进农业稳定发展和农民持续增收为主要目标，发展“低消耗、低排放、高效率”的农业循环经济，建设资源节约型和环境友好型农业，推进我国农业农村经济又好又快发展。

第五，完善农业制度保障。完善农村公共服务体系建设，提高农业对外开放水平，积极开拓国际市场。加快改变城乡二元经济结构，统筹城乡发展。目前社会保障体系在城市基本覆盖，需要扩大农村社会保障体系的覆盖范围。加强农村政务公开制度建设，健全农村基层群众性自治制度。完善农业法律法规体系，加强农业行政执法队伍建设，深入开展农业普法宣传教育，鼓励农民懂法、守法、用法。

第六，加强组织领导。坚持“米袋子”省长负责制和“菜篮子”市长负责制。根据科学发展观和正确政绩观要求，完善干部政绩考核评价体系，加强政府对农业现代化的领导作用。

4.5 在工业化、信息化、城镇化深入发展中同步推进农业现代化

工业化、信息化、城镇化、农业现代化既是我国社会主义现代化建设的战略任务，也是促进我国经济持续健康发展的动力之源。基于对“四化”的重要性、关联性及现状的科学分析，党的十八大报告强调要“促进工业化、信息化、城镇化、农业现代化同步发展”，其出发点和根本目的就在于加快推进农业现代化，逐步缩小城乡差距，形成城乡一体的新格局。

4.5.1 “四化”同步推进有着重要意义

在我国经济转型的新时代背景下，“四化”同步具有重要的理论意义和现实意义。

第一，有利于早日实现全面建成小康社会的奋斗目标。党的十八大报告提出 2020 年全面建成小康社会的战略目标，但是，我国“发展中不平衡、不协调、不可持续问题依然突出，主要是，经济增长的资源环境约束强化，投资和消费关系失衡，收入分配差距较大，科技创新能力不强，产业结构不合理，农业基础仍然薄弱，城乡区域发展不协调”①。如果这些问题无法得到有效解决，全面建成小康社会的目标将无法顺利实现。因此，必须推进“四化”同步发展。

第二，缘于寻找新的发展动力的需要。随着人口红利减退、资源过度开发、环境承载压力增大，原有的发展方式不再适应新形势的需要。在十年高速增长之后，我国逐渐进入改革发展的瓶颈时期，改革举步维艰，发展后劲缺乏，越来越多的问题束缚着中国经济的发展。“四化”同步推进为经济发展找到新动力。

第三，有利于增强我国国际竞争力。长期以来，我国制造业规模庞大，但是一直处于世界产业链低端，依靠廉价劳动力优势获得微薄回报。但目前我国的劳动力优势已不复存在，国际竞争力下降。信息化在工业、农业和城镇化中的广泛应用，将淘汰落后产能，促进经济结构调整和产业结构优化升级，增强我国产业实力，提升我国产业的国际竞争力。

4.5.2　现阶段“四化”同步推进面临着十分突出的问题

尽管取得了一系列成就，我们依然要清醒地认识到，推进“四化”同步面临一些十分突出的问题：

第一，农业现代化是“四化”中的短板。与快速推进的工业化、城镇化和信息化相比，农业现代化发展最为迟缓。能否实现“四化”同步、取得社会主义现代化建设的胜利，关键取决于农业现代化能否实现。农业现代化之所以成为短板，是由多种因素导致而成的：一是生产工具落后，劳动者素质较低。机械化的生产工具还没有覆盖全国，一些落后农

① 《中共中央关于制定国民经济和社会发展第十二个五年规划的建议》，载《求是》2010 年第 22 期。

村依然采取铁犁牛耕的耕作方式。由于多种原因，农村劳动力大多是大专以下文化程度，劳动者的素质和专业技能相对欠缺。二是家庭承包责任制的约束。在承包责任制下，家庭是进行农业生产的一般单位。这种微小的、分散的生产单元阻碍大规模集约化、专业化和规模化的农业发展模式。三是城乡居民收入差距悬殊，农村居民收入水平和收入增长速度都不及城镇居民。据中国统计局 2014 年 1 月 20 日发布的数据，2013 年，城镇居民人均可支配收入为26 955元，农村居民人均纯收入是8 896元，尚不及城镇居民的 1/3。四是农村劳动力结构性短缺。青壮年劳动力纷纷外出打工，妇女、孩子和老人留守农村，农忙时劳动力短缺状况更加突出，出现“农村空心化”现象。农村劳动力年龄结构失调、区域性短缺严重影响农业进步。五是农村基础设施投资成本高、回收周期长、利润低而且维护困难。一些地方政府追求政绩和面子工程，将财政资金优先分配给城市，部分地方政府未能认识到农业的基础性作用，忽视“三农”工作。

第二，城镇化和农业现代化矛盾突出。伴随城镇化快速推进，在市场机制的作用下，生产要素凸显出向城镇集中的趋势。其中，农村的劳动力、土地、资金的流失最为严重。一是劳动力转移。虽然城市工作辛苦，劳动时间长，但是其收入却远超务农收入，因此，大量农民开始离开土地，进城务工，成为流动大军的一员，他们分布在工厂、建筑工地、餐饮等各种各样的行业。大量农民进城务工直接导致了农村劳动力的缺乏，形成了“空心村”等不正常现象。二是土地被占用。农村土地征收也是矛盾集聚的地方，土地征收的影响是多重的。首先，挤占优质土地资源，农业现代化需要大规模、平坦、交通便利的地块，而这些地块也是城市建设的理想区域。其次，价格偏低，农业现代化需要大量资金投入，低廉的土地征用价格无法满足农业现代化的资金需要。再次，农民失地后转变为城镇人口，意味着更少的人从事农业，农业现代化主体规模下降。三是资金短缺。在市场经济环境下，资源被分配到更有生产效率的项目。一些农村地区的金融机构将吸纳的资金投放到城市生产活动中，农村投资机会相对较少，金融体系不太健全，农业生产风险比较大，导致农村投资吸引力不足，城镇化加剧农村资金短缺。

第三，工业化和信息化融合深度不足。“十一五”期间，各地把推进信息化和工业化融合作为推进经济转型的战略举措，工业企业信息化整体水平大幅提升，电子商务蓬勃发展，生产新信息技术服务能力显著增强。但是，企业“两化”融合深度依然不足。表现为：一是信息化程度低。企业信息系统应用范围集中在企业内部，尚未对整条供应链和生产消费的各个环节进行管理。大多数企业处于信息技术应用的爬坡阶段，信息化建设投资成本高，建设周期长的特点限制了它的推广，个别企业仍然处于观望和犹豫状态，没有认识到信息系统的重要性。二是体制机制不太健全，政策法规尚未形成合力。“两化”融合的指标体系和评估体系不够完善。推进“两化”融合的各项政策缺乏有效的协调和部署，导致政策的综合效果并不理想。三是自主创新能力亟待加强，信息技术对工业化的服务能力不足。我国信息技术企业大部分居于产业链下游和价值链低端，工业软件和行业应用解决方案的提供能力仍然薄弱。

4.5.3 实现“四化”同步的对策建议

“四化”同步是党的十八大从我国经济社会发展全局出发作出的重大战略，符合现代化建设的客观规律，符合我国的基本国情，是我国实现现代化的基本途径。应多管齐下，多路径推动“四化”同步发展。

第一，充分发挥地方政府作用。政府是地方“四化”同步发展的主要决策者和实施者。地方政府要加强地方基础设施建设，尽力做好公共服务；要将工作重点放在惠及民生的重大问题上，落实好惠民政策，解决困难群众生产生活问题；要做好招商引资工作，加大政策扶持力度，盘活民间资本，激发外商投资的积极性；注重生态环境的保护，营造优美环境，为“四化”同步发展创造更加有利条件，为百姓生活创造更加便利和谐的氛围。要做好上述工作，地方政府应积极转变政府职能，改变政府包办行为，强化引导功能。

第二，推动产业结构优化升级。充分发挥信息化在转型升级中的支撑和牵引作用，深化信息技术集成应用，促进

“生产型制造”向“服务型制造”转变，加快推动制造业向数字化、网络化、智能化、服务化转变。深化信息技术与农业融合，建立数字化农业生产基地，对农产品生产和销售进行精确把握和控制，提高综合效益。

第三，大力发展农业，补齐农业短板。走中国特色农业现代化道路，加大对现代农业的支持力度。改革城乡二元结构，在公共产品、公共服务上向农村倾斜；充分发挥工业化对农业现代化的拉动作用，用先进的技术装备和科学技术改造传统农业，延长农产品产业链和价值链，增加农产品附加价值；利用城镇化，开拓和深化农产品市场，加速农村剩余劳动力顺利转移；加速农业现代化和信息化的融合，将先进的信息技术应用于农业生产，发展高效、生态、专业的现代农业。

第四，培育优质人才，加强自主创新，扩大对外交流。完善高校教育学科和专业设置，加强职业教育，培养不同层次的人才。组织开展创新型人才培育计划，提升人才综合素质。依据“四化”同步对人才的需求，加大财政对高校、研究所、人才培训工程的支持力度。创新生产经营模式、管理方式和理念，构建新的竞争优势。完善创新成果激励、运用和保护机制。科学地修订国家职业技能鉴别标准，相关领域的标准要参考国际标准，积极推进行业职业技能鉴定工作和高技能人才选拔工作。鼓励开展信息行业、现代农业等领域的国际交流与合作，支持国内相关组织和企业参与相关领域国际标准的修订。

第 5 章　实现经济发展方式的转变

人类生存追求的最终目标是幸福，尽管幸福是一种心理感受，但是，物质是这种感受产生的基础，对财富的占有和享有是产生幸福的基本前提。财富增加未必就能促进全社会幸福指数的提高，但没有财富的增加，就不可能有全社会幸福指数长期持续提升。罗伯特·肯尼迪 1968 年竞选美国总统时激烈批评 GDP 指出，GDP 并没有考虑到我们孩子的健康、他们的教育质量或者他们游戏的快乐，也没有包括我们的诗歌之美或者婚姻的稳定。美国著名经济学家曼昆在《经济学原理》中对这段话做出了精彩的评论：GDP 没有衡量我们孩子的健康，但 GDP 高的国家负担得起更好的教育制度；GDP 没有衡量我们的诗歌之美，但 GDP 高的国家可以教育更多公民阅读和欣赏诗歌。反映经济增长的 GDP 尽管有缺陷，发展也不等于增长，但经济发展必须以经济增长为基础。党的十八大报告强调指出，在当代中国，坚持发展是硬道理的本质要求就是坚持科学发展；以科学发展为主题，以加快转变经济发展方式为主线，是关系我国发展全局的战略抉择。转变经济发展方式是现实可持续发展、建设经济强国、提高综合国力和竞争力的迫切需要，是推动经济社会协调发展的迫切需要，是改善民生、促进社会和谐的迫切需要。

5.1　转变经济发展方式必须处理好三对关系

以往唯 GDP 马首是瞻的发展观在带来改革开放 36 年经济高速增长、创造中国经济奇迹的同时，也带来环境污染、资源耗费大、贫富差距扩大，造成部分行业产能过剩。而今，反思这一发展模式，在中国经济“第二季”，要打造经济升级版，实现经济持续健康发展，必须尽快转变经济发展方式，必须处理好三对关系。

5.1.1　必须正确处理经济发展与经济增长的关系

在经济学发展的早期阶段，经济增长（economic growth）和经济发展（economic development）经常作为同一个概念使用，但后来人们从实践中发现，有些国家 GDP 增长了，经济社会却并未相应发展，出现了“有增长无发展”的情况，比如：与经济增长相伴随的是失业的增加，即“无工作的增长”；经济增长成果大部分落入富人的腰包，穷人的生活状况得不到改善，即“无情的增长”；民众被排除在参与之外，即“无声的增长”；环境污染严重，资源耗费大，“吃子孙饭，断子孙路”的“无未来的增长”；等等。于是，人们将经济增长与经济发展这一对既有联系又有区别的概念区分开来：经济增长是指一国一定时期内产品和服务量的增加，用来量度的是 GDP（GNP）或其人均值；经济发展除包含经济增长外，还包含经济结构的变化（如产业结构的合理化高度化，消费结构的改善和升级），社会结构的变化（如人口文化教育程度的提高，寿命的延长，婴儿死亡率的下降），环境的治理和改善，收入分配的变化（如社会福利的增进，贫富差别的缩小）等。可见，经济发展与经济增长是两个既有联系又有区别的概念，经济增长是指物质生产的发展，经济发展是指物质生产的发展，人们物质福利的改善和环境质量的提高等。显然，经济发展比经济增长的内涵更丰富，但经济增长是经济发展的基础，没有经济增长就不会有经济发展。

第一，经济发展的核心和前提是经济增长。经济增长未必就带来财富增加，但没有经济增长肯定不会有财富增加；经济增长未必就能带来经济发展，但没有经济增长肯定不会有经济发展。

第二，经济发展要求的增长是可持续增长。人类理性、仁爱的本能，要求我们的发展向子孙和未来负责，经济发展应具有可持续性。经济发展可比喻为，面对资源约束求解财富最大增值的过程。我们拥有的资源不仅是有限的，而且还要把有限资源留给子孙，单纯通过消耗资源搞规模扩张型发展，在消耗资源的同时破坏了环境，不具有可持续性，所以，经济发展必须变资源消费、规模扩张、环境破坏型，为资源节约、内涵扩张、环境友好型，走内涵式发展道路。

第三，经济发展的目的要求在发展结果的分配与享用上应体现公平和公正。注重经济结果的分配和使用，首先体现了经济发展的目的，创造财富是为了占有和享受财富带来的幸福，由谁占有、占有多少，则要求既要体现效率原则，也要体现公平和公正精神。

5.1.2　必须正确处理经济发展与社会发展的关系

社会发展指整个人类社会的向前运动过程。包括纵向和横向两个方面：纵向，指人类社会由低级向高级的运动和发展过程；横向，指在特定的社会发展阶段中一个社会各方面整体地运动和发展过程，这其中包含经济、人文、政治等一系列的社会存在的总体发展。

经济发展与社会发展是相互联系、相互影响、相互促进的。在经济与社会整体发展中，经济发展始终是前提和基础，只有经济的发展才能进一步推动社会的发展与进步。同时，社会的发展是根本和目的，社会发展又可以进一步促进经济发展与繁荣。在经济发展与社会发展的过程中，经济发展始终是第一位的。当然在坚持以经济发展为主的同时，也不能忽视社会的发展与进步。只有正确处理经济发展与社会发展的辩证关系，在经济发展的同时注重社会的发展，才能达到科学发展的目的。

经济的繁荣昌盛与社会的全面进步，是相辅相成、互为条件的，两者缺一不可，偏重偏轻也不成，经济社会必须协调发展。经济发展与社会发展的关系表现有四：一是经济发展是社会发展的物质基础，只有经济发展了，社会发展才有物质条件，所以必须确定经济要优先发展的原则。二是经济要持续发展，需要科技、教育、文化等社会方面的发展作支撑。三是两者相得益彰，经济发展要有和谐、稳定的社会环境，经济发展形成的物质财富要有合理的分配机制，要有健全的社会保障体制。四是经济发展的根本目的是满足人们日益增长的物质文化需要，所以，经济社会必须协调发展。

5.1.3　必须正确处理经济发展与科学发展的关系

转变经济发展方式包括社会发展和社会经济关系发展方式的转变，比如，教育的发展与普及、社会保障体系的建立健全、居民医疗保健以及促进人的全面发展、走共同富裕道路等。科学发展观是以人为本，全面协调可持续的发展观。科学发展方式是指以科学发展观为指导，能够实现社会经济科学发展的方式，即促进经济社会全面协调、可持续的发展。从根本上讲，经济发展是科学发展的基础，转变经济发展方式是推动科学发展的战略举措和必由之路。

第一，“以人为本”发展要求转变经济发展方式。推动科学发展，归根到底是为人民谋利益，让人民共享改革发展成果。传统经济发展方式往往只见“物”不见“人”，奉行“以资为本”的经济增长，在战略选择和政策取向上具体表现为：以片面追求 GDP 为导向，忽视民生的改善，忽视社会事业发展；片面强调硬实力建设，忽视软实力建设；片面强调自然资源开发，忽视人力资源开发；片面强调发展资金密集型产业，忽视发展劳动密集型产业。这种发展方式以牺牲民生为代价，求得经济一时的快速增长，必然造成经济与民生的失衡。因此，必须加快转变经济发展方式，将发展重点转向“以人为本”的经济增长，实现人的发展与经济发展同步，社会发展与经济发展同步。

第二，“全面、协调、可持续”发展要求转变经济发展方式。传统经济发展方式不可持续的一个突出表现在于，经济发展内部诸关系的片面性乃至对立性，相互之间缺乏协调、协同、协作。在投资、消费、出口关系上，投资和出口占主导地位，消费需求相对薄弱且升级乏力，市场空间受到限制，经济发展后劲不足。在第一、第二、第三产业关系上，突出第二产业的带动作用，但现代服务业发展还不充分，农业现代化水平有待提高。在要素投入关系上，经济增长主要依靠增加物质资源消耗和投入大量廉价劳动力，知识创造、科技进步、人才开发和管理创新的支撑作用远未发挥。在工业化与城镇化关系上，城镇化滞后于工业化，城镇化作为产业和人口集聚的载体作用发挥不够。加快转变经济发展方式的核心在于保持各种经济关系的协调性，并以此保证经济系统的高效运转，以尽量少的投入获得尽量多的产出，以尽量低的成本获得尽量高的收益。因而，加快转变经济发展方式，有利于改变这些经济关系的失衡现象，形成均衡、有序、最优的经济结构，增强经济增长的内生动力和内在活力。节约资源和保护环境是我们的基本国策。统筹人与自然的发展，是推动科学发展的内在要求。在工业化和城镇化进程不断加快的背景下，资源环境压力越来越大，全球气候变暖和能源资源短缺问题日益受到关注，走可持续发展之路已经成为全社会的普遍共识和自觉行动。过度依赖于自然资源的开发优势，忽视资源节约和环境保护，高投入、高消耗、高污染、低效益，是粗放型经济增长方式的突出特征，从根本上讲是与推动科学发展的要求背道而驰的。因此，必须加快转变经济发展方式，在加快经济建设的同时，大力推进生态文明示范区建设，实现“金山银山”与“绿水青山”的相得益彰。

5.2　经济发展方式的前世与今生

中华人民共和国成立以来，我国的经济发展方式先后经历了几次转变，分别是生产经营方式的转变、经济增长方式的转变和经济发展方式的转变。

5.2.1　从“粗放经营”到“集约经营”的转变

从“粗放经营”到“集约经营”的转变，亦即转变生产经营方式，指从主要依靠生产要素投入数量增加逐步转移到主要依靠提高生产要素的使用效率来推动工业化进程进而实现经济增长。我们党对推动工业化进程中转变生产经营方式的关注始于 20 世纪 50 年代，但是究竟如何从“粗放经营”转变为“集约经营”，中间经历了漫长而艰苦的探索过程，直至 20 世纪 80 年代后期改革开放以后才开始真正意义上的生产经营方式的转变。

改革开放前中国的工业经济增长方式中粗放经营方式的形成，与中国实施优先发展重工业战略并建立与之相适应的高度集中的计划经济体制是同步的。中华人民共和国成立之初，由于人口众多、人均自然资源匮乏，为了把有限的资源集中到国家手中有计划地推行工业化，从 1953 年年底我们党就确立了以单一公有制为特征的社会主义计划经济。在这样的国情背景下，生产经营主要靠增加投入和产业的外延性扩张，即人力资本的增加、新技术的应用和新产业部门的建立。在这种经济体制下，经济增长遭遇到最大的问题就是管理上缺乏激励机制和经济运行中浪费严重。以毛泽东为核心的党的第一代领导集体曾经试图通过权力下放和群众运动的方式，如“全党大办工业”、“全民大办工业”、“农、轻、重并举”等方式来加速工业化进程。1958 年，毛泽东还提出了“多、快、好、省”的社会主义建设总路线，之后“大跃进”运动的开展，以及通过“以钢为纲”的群众性运动来推进整个经济建设，等等。事实证明，这种依靠自上而下的行政命令和政治运动来推行经济建设运动的方式是行不通的。

1978 年，党的十一届三中全会召开，以邓小平为核心的党的第二代领导集体开始对国民经济实行“调整、改革、整顿、提高”。1987 年，党的十三大率先从微观层次（即企业经营的层次）对生产经营集约化问题进行论述，首次提出了“要从粗放经营为主逐步转上集约经营为主的轨道”，即：“必须坚定不移地贯彻执行注重效益、提高质量、协调发展、稳定增长的战略。这个战略的基本要求是，努力提高产品质量，讲求产品适销对路，降低物质消耗和劳动消耗，实现生产要素合理配置，提高资金使用效益和资源利用效率，归根到底，就是要从粗放经营为主逐步转上集约经营为主的轨道。”① 这是党重视和尝试转变生产经营方式的开端，之后中央多次提出要转变生产经营方式。1988 年 3 月 25 日，七届人大一次会议进一步指出了转变生产经营方式的重要途径是依靠科技进步、加强科技管理，即“要实现经济效益的大幅度提高，逐步由粗放经营转到集约经营的轨道上来，必须

① 中共中央文献研究室：《十三大以来重要文献选编》（上），人民出版社 1991 年版，第 17 页。

大力促进科技进步，不断加强科学管理”。① 在这一方针的指导下，1991 年 3 月 25 日，七届人大四次会议《关于国民经济和社会发展十年规划和第八个五年计划纲要的报告》中提出，今后十年以及整个现代化建设时期，浪费资源的粗放经营是没有出路的，必须走集约化经营的道路。在此之前，党和国家领导人对经济发展的着眼点主要集中在实现工业化的生产经营方式上，即是实行“粗放经营”还是实行“集约经营”的问题上，将工业发展几乎等同于经济发展，这与当时落后的社会生产条件和人们想要摆脱贫困落后状态的急迫心态是紧密相关的。

5.2.2　从“粗放型”到“集约型”经济增长方式的转变

1992 年，邓小平南方讲话发表后，中国掀起了新的一轮高速发展浪潮。在这个背景下，党的十四大再次提出“努力提高科技进步在经济增长中所占的含量，促进整个经济由粗放经营向集约经营转变”②。此后，关于转变“生产经营方式”的说法开始逐渐为转变“经济增长方式”所替代，这说明我们党经过长期的理论探索，已经开始意识到从粗放型经营方式到集约型经营方式的转变已经不仅仅是工业化进程中生产经营方式选择的问题，还是关系国民经济增长的关键问题了。

1995 年 9 月，国家进一步加强宏观经济调控，江泽民同志在党的十四届五中全会上谈“正确处理社会主义现代化建设中的若干重大关系”时讲道：“正确处理速度和效益的关系，必须更新发展思路，实现经济增长方式从粗放型向集约型转变。这种转变的基本要求是，从主要依靠增加投入、铺新摊子、追求数量，转到主要依靠科技进步和提高劳动者素质上来，转到以经济效益为中心的轨道上来。”③ 这一思想

① 1988 年政府工作报告。

② 中共中央文献研究室：《十四大以来重要文献选编》（上），人民出版社 1996 年版，第 25 页。

③ 《江泽民文选》第 1 卷，人民出版社 2006 年版，第 462 页。

也体现在会议通过的《中共中央关于制定国民经济和社会发展“九五”计划和2010年远景目标的建议》(以下简称《建议》)中,《建议》指出:“九五”计划和2010年远景目标的关键是实行两个具有全局意义的根本性转变,一是经济体制从传统的计划经济体制向市场经济体制的转变;二是经济增长方式从粗放型向集约型的转变。这是“转变经济增长方式”命题的正式提出。1997年党的十五大会议上,江泽民同志所作的报告《高举邓小平理论伟大旗帜　把建设有中国特色社会主义事业全面推向21世纪》中再次重申实现经济体制和经济增长方式的“两个根本转变”,即“从现在起到下世纪的前十年,是我国实现第二步战略目标、向第三步战略目标迈进的关键时期。我们要积极推进经济体制和经济增长方式的根本转变,努力实现‘九五’计划和二〇一〇年远景目标,为下世纪中叶基本实现现代化打下坚实基础。在这个时期,建立比较完善的社会主义市场经济体制,保持国民经济持续快速健康发展,是必须解决好的两大课题”。①

进入21世纪后,经过对中华人民共和国成立50多年生产经营方式转变的正反两方面经验总结,2005年10月,中共中央十六届五中全会通过的《中共中央关于制定国民经济和社会发展第十一个五年规划的建议》认为,国内面临的困难和问题之一就是:粗放型经济增长方式没有根本转变,经济结构不够合理,自主创新能力不强,经济社会发展与资源环境的矛盾日益突出。进而提出,必须加快转变经济增长方式。这说明,从粗放经营到集约经营的经济增长方式的转变在今后很长一段时期内还应当是我党工作关注的重点,应当被放到突出的位置。

5.2.3　从转变经济增长方式到转变经济发展方式的转变

2007年6月25日,胡锦涛同志在中央党校省部级干部进修班上首次提出“实现国民经济又好又快发展,关键要在

① 中共中央文献研究室:《十五大以来重要文献选编》(上),人民出版社2000年版,第20页。

转变经济发展方式、完善社会主义市场经济体制方面取得重大新进展。”至此“转变经济发展方式”命题正式提出。同年10月，党的十七大报告在全面把握我国经济发展规律的基础上，从当前经济发展实际出发，提出：“加快转变经济发展方式，推动产业结构优化升级。这是关系国民经济全局紧迫而重大的战略任务。”① 将以前使用的“转变经济增长方式”正式改为“转变经济发展方式”，这两个字的改动，寓意深远，意义重大，针对性和指导性更强，反映了中国共产党对经济发展规律认识更全面、更深刻。

党的十八大报告明确提出，要适应国内外经济形势新变化，加快形成新的经济发展方式，把推动发展的立足点转到提高质量和效益上来，着力激发各类市场主体发展新活力，着力增强创新驱动发展新动力，着力构建现代产业发展新体系，着力培育开放型经济发展新优势，使经济发展更多依靠内需特别是消费需求拉动，更多依靠现代服务业和战略性新兴产业带动，更多依靠科技进步、劳动者素质提高、管理创新驱动，更多依靠节约资源和循环经济推动，更多依靠城乡区域发展协调互动，不断增强长期发展后劲。在继承党的十七大报告关于加快转变经济发展方式有关精神的基础上，党的十八大报告提出了加快形成新的经济发展方式的“一个立足点”、“四个着力”和“五个更多”的新要求：把推动发展的立足点即“一个立足点”转到提高质量和效益上来；把推动发展的重点放到“四个着力”上，即着力激发各类市场主体发展新活力，着力增强创新驱动发展新动力，着力构建现代产业发展新体系，着力培育开放型经济发展新优势；加快形成“五个更多”的新的经济发展方式，即更多依靠内需特别是消费需求拉动，更多依靠现代服务业和战略性新兴产业带动，更多依靠科技进步、劳动者素质提高、管理创新驱动，更多依靠节约资源和循环经济推动，更多依靠城乡区域发展协调互动。

---

① 中共中央文献研究室：《十七大以来重要文献选编》（上），中央文献出版社2009年版，第17页。

5.3 转变经济发展方式的路径选择

加快经济发展方式转变是我国经济领域的一场深刻变革，关系改革开放和社会主义现代化建设全局。新时期新阶段，推动经济发展方式转变必须抓好以下三个方面。

5.3.1 实施创新驱动发展战略

党的十八大报告强调，要实施创新驱动发展战略，科技创新是提高社会生产力和综合国力的战略支撑，必须摆在国家发展全局的核心位置。这是我们党放眼世界、立足全局、面向未来作出的重大战略决策，具有十分重大的意义。

实施创新驱动发展战略，是我们党在我国改革发展的关键时期作出的重大抉择。2012 年 7 月，全国科技创新大会提出了创新驱动发展战略。同年 11 月，实施创新驱动发展战略被明确写入党的十八大报告，充分表明我们党依靠创新实现经济持续健康发展的坚定决心和对科技创新的高度重视。在全面建成小康社会的决定性阶段，我国加强自主创新，实施创新驱动发展战略，存在三个方面的紧迫性：

一是适应全球新一轮科技革命和产业变革的必然要求。我国正面临一个宏大而深刻的历史背景，一方面，全球知识创造和技术创新的速度明显加快，新科技革命的巨大能量正在不断蓄积，以新技术突破为基础的产业变革呈现加速态势；另一方面，由美国引起的经济危机至今阴魂不散，许多资本主义国家继续挣扎。种种迹象表明，世界范围内新一轮科技革命和产业革命正在酝酿突破。各国普遍认识到，必须塑造更加均衡协调、具有强劲增长和可持续发展能力的经济结构，以便能掌握结构调整和转型发展的主动权，率先复苏并走向繁荣。这既给我们带来了重大机遇，也给我们提出了严峻挑战。

二是缘于创新驱动是加快转变经济发展方式、实现国家发展战略目标“最根本、最关键”的力量。尽管我国经济总量已跃居世界第二位，但社会生产力水平总体上还不高，发展中不平衡、不协调、不可持续的问题依然突出，经济结构问题已成为一个根本性、全局性的问题。经济结构问题与科技创新的能力和结构、人才队伍的水平和结构密切相关。我国以较少的人均资源占有量和脆弱的生态环境，承载着巨大的人口规模和实现持续快速发展的压力，发达国家曾经拥有的资源环境等有利条件是我国所不具备的。我们的根本出路在于科技创新、产品创新、产业创新、商业模式创新和品牌创新，其中，科技创新处于核心地位。如果没有创新能力特别是科技创新能力的大幅提升，就难以真正完成经济结构的调整和发展方式的转变。党的十七届五中全会明确提出，“十二五”时期我国经济社会发展要以科学发展为主题、以加快转变经济发展方式为主线，把推动经济结构战略性调整作为主攻方向，并突出强调，建设创新型国家，加快转变经济发展方式，赢得发展先机和主动权，最根本的是要靠科技的力量，最关键的是要大幅提高自主创新能力。这“两个最”成为我国走创新驱动、内生增长之路的核心要求，成为我国科技改革发展的重大责任。

三是基于走中国特色自主创新道路的实践需要。创新是一个民族进步的灵魂，是一个国家兴旺发达的不竭动力。我们党历来十分重视科技进步和创新，从“向科学进军”到“科学技术是第一生产力”，从“科教兴国战略”到“提高自主创新能力、建设创新型国家”，逐渐探索出一条中国特色自主创新道路。党的十六大以来，沿着中国特色自主创新道路，我国科技事业取得显著成就。我国自主创新能力显著增强，整体科技实力与主要发达国家的差距不断缩小，创新型国家建设成效显著，已成为有重要影响的科技大国和创新大国。但是，仍然存在着科技创新支撑引领经济社会发展的能力不强、科技和经济的结合不够紧密、自主创新特别是原始创新能力有待于进一步提高等突出问题。

走中国特色自主创新道路，核心就是要坚持自主创新、重点跨越、支撑发展、引领未来的指导方针。自主创新，就是从增强国家创新能力出发，加强原始创新、集成创新和引进消化吸收再创新。重点跨越，就是坚持有所为有所不为，选择具有一定基础和优势、关系国计民生和国家安全的关键领域，集中力量、重点突破，实现跨越式发展。支撑发展，就是从现实的紧迫需求出发，着力突破经济社会发展的重大关键技术和共性技术，支撑经济社会持续协调发展。引领未来，就是着眼长远，超前部署前沿技术和基础研究，创造新的市场需求，培育新兴产业，引领未来经济社会发展。这一方针是我国六十多年来科技事业发展实践经验的概括总结，是面向未来、实现中华民族伟大复兴的重要抉择，必须贯穿于我国科技事业发展的全过程。

5.3.2 推进经济结构战略性调整

加快转变经济发展方式是我国改革发展进入新阶段，党中央、国务院作出的重大战略部署。它涉及面广，内容复杂，各部分、各环节之间相互联系、相互制约，是一项综合而系统的艰巨任务，加快转变发展方式必须重视以下四个战略重点：

第一，调整需求结构。我国需求结构存在的问题主要是内需与外需、投资与消费失衡。从长期看，这不利于国民经济良性循环发展。因此，调整需求结构就成为经济结构战略性调整的首要任务。一是建立扩大消费需求的长效机制。内需不足，主要表现为居民消费需求不足。应把扩大居民消费需求作为扩大内需的战略重点，通过完善消费政策、改善消费环境、培育消费热点等措施，不断释放城乡居民消费潜力。二是调整优化投资结构。投资结构存在的问题主要有投资领域不均衡、投资质量和效益不高、投资主体结构不合理等。解决这些问题，要求政府投资进一步向民生和社会事业、农业农村等领域倾斜，并鼓励、扩大、支持民间投资进入基础产业、基础设施等领域，同时注重以投资带动就业和消费。三是处理好扩大内需与稳定外需的关系。我国经济发展应主要立足于扩大内需，同时积极参与经济全球化，利用好国内国际两个市场、两种资源。应加快培育以技术、品牌、质量、服务为核心竞争力的新优势，促进出口结构转型升级。同时，注重提高利用外资水平，加快实施“走出去”战略。

第二，调整产业结构。我国三次产业发展不协调，农业基础薄弱，工业大而不强，服务业发展滞后。2013 年，我国服务业占国内生产总值的比重为 46.1%。按照世界银行数据，近年来，中等收入国家服务业比重为 53%，高收入国家服务业比重为 72.5%，我国服务业发展明显滞后。因此，调整优化产业结构就成为经济结构战略性调整的工作重点。一是坚持把科技进步和创新作为产业结构调整和优化升级的支撑，着力提高自主创新能力。二是着眼于构建现代产业体系，下大气力改造提升传统产业，重点改造提升制造业；培育发展战略性新兴产业，加快形成先导性、支柱性产业，切实提高产业核心竞争力和经济效益；把推动服务业大发展作为产业结构优化升级的战略重点，大力发展生产性服务业和生活性服务业。三是推动能源生产和利用方式变革，构建安全、稳定、经济、清洁的现代能源产业体系；按照适度超前原则，统筹发展各种运输方式，构建便捷、安全、高效的综合运输体系。

第三，调整要素投入结构。目前，我国经济发展面临的资源环境约束日益增强。发达国家在几百年工业化过程中分阶段出现的人口及资源环境问题在我国现阶段集中出现，尤其是资源环境问题已成为影响我国经济可持续发展的突出因素。因此，必须加快建设资源节约型、环境友好型社会，同时充分发挥我国人力资源丰富的优势，把人口压力转化为人力资源优势。应以节能减排为重点，健全激励和约束机制，有效控制温室气体排放；以提高资源产出效率为目标，加强政策支持，完善法律法规，发展循环经济；加快构建资源节约、环境友好的生产方式和消费模式，增强可持续发展能力；加快推进资源、能源价格形成机制和环境产权制度改革。

第四，调整城乡结构。从城乡和区域结构看，我国的现代化可以说在很大程度上是实现城乡二元经济结构向现代经济结构转变的过程。当前，我国城镇化发展滞后、中西部地区发展滞后、城乡和区域之间生活条件和基本公共服务差距较大。据国家统计局数据显示，2013 年，我国城镇与农村居民收入之比为 3.03∶1，东部地区与中西部地区的国内生产总值之比为 1.25∶1。城乡和区域结构不合理问题，不仅关系到内需扩大和发展空间拓展，也关系到社会和谐稳定。因此，必须重视调整城乡结构问题。

调整城乡结构应着重抓好以下几点：一是要实施区域发展总体战略和主体功能区战略，构筑区域经济优势互补、主体功能定位清晰、国土空间高效利用、人与自然和谐相处的区域发展格局。二是要按照统筹规划、合理布局、完善功能、以大带小的原则，完善城镇化布局和形态。以大城市为依托，以中小城市为重点，逐步形成辐射作用大的城市群，促进大中小城市和小城镇协调发展。三是要加强城镇化管理，把符合落户条件的农业转移人口逐步转为城镇居民作为推进城镇化的重要任务。四是要加快农业转型，培育发展农业种养殖、农业种子培育、农产品加工业、农产品流通、农业服务等行业，通过大型农业企业实现标准化、专业化和规模化种养殖生产。加强农业流通环节的产业组织体系建设，设立专业农产品市场，推动各种农产品现货贸易公司和期货公司的发育，发展各种高效率的金融、中介企业，建设市场服务体系，促进农业生产与国际接轨，形成我国农业国际竞争优势。

第五，调整收入分配结构。国民收入分配结构不合理，城乡中低收入居民收入水平偏低，是我国消费率持续下降、消费需求对经济增长贡献率偏低的重要原因。因此，调整收入分配结构已成为一项紧迫任务。一是合理调整收入分配关系，坚持和完善按劳分配为主体、多种分配方式并存的分配制度。初次分配和再分配都要处理好效率和公平的关系，再分配更加注重公平。二是努力提高居民收入在国民收入分配中的比重，提高劳动报酬在初次分配中的比重，创造条件增加居民财产性收入。健全扩大就业、增加劳动收入的发展环境和制度条件，努力实现居民收入增长和经济发展同步、劳动报酬增长和劳动生产率提高同步。三是积极促进农民增加收入。推动农村富余劳动力转移，增加农村人均土地拥有量和农产品需求量。加大以工哺农、以城带乡力度，加快农业农村经济发展。四是加大对落后地区经济发展的支持力度，促进区域协调发展，促进基本公共服务均等化。五是规范分配秩序，完善收入再分配机制，努力扭转城乡、区域、行业和社会成员之间收入差距扩大趋势。①

---

① 河北省中国特色社会主义理论体系研究中心：《把握经济结构战略性调整的重点》，载《人民日报》2012年12月16日。

5.3.3 完善转变经济发展方式的体制机制

转变经济发展方式，实现经济又好又快发展，是当前经济工作的重要任务。完成好这一任务，需要从企业、政府和干部队伍三个环节入手，稳步推进重点领域和关键环节的改革，不断完善转变经济发展方式的体制机制。

第一，完善企业的创新机制和激励机制，健全科学的统计指标体系和管理监督机制。转变发展方式的本质是更加高效地配置生产要素，以尽可能少的投入实现尽可能多的产出。这就要求把提高自主创新能力作为推进结构调整、实现发展方式转变的中心环节。应加快建立以企业为主体、市场为导向、产学研相结合的技术创新体系，实现科技要素、经营管理要素和其他生产要素的直接结合，建立企业自主创新的基础支撑平台。鼓励企业开展科技创新活动，增强企业转变发展方式的内在动力。健全知识产权保护体系，激发全社会的创造活力。

完善企业的能耗、物耗、污染物排放以及安全、质量、技术等市场准入标准，健全项目、规划和决策的环境影响评价制度，建立能源、资源消耗审核制度，严格重大投资项目的节能评估和环保审核，推行产品认证和标识制度，从建设、生产、流通和使用等各个环节推动发展质量和效益的提高。完善法律法规体系，强化执法监管，加大对破坏资源、污染环境的企业的惩处力度。

第二，转变政府职能，加快行政管理、财税、金融和投资体制改革。我国经济发展方式尚未根本转变，除了存在经济粗放扩张的空间，还与政府职能没有根本转变有密切关系。实践证明，政府只有从市场直接参与者的角色中退出，才能更好地发挥纠正市场失灵的作用，促进经济发展方式转变。转变政府经济管理职能，把政府经济管理的重点转向维护有效率的市场，不再直接干预微观主体的经济活动。加快行政管理体制改革，强化政府的社会管理和公共服务职能，减少和规范行政审批，放宽市场准入，公开准入标准，真正实行“谁投资、谁决策，谁受益、谁承担风险”，确立企业投资主体地位，激发其开展技术创新和节约资源、保护环境的积极性。

完善中央对地方的财政转移支付制度。理顺省级以下财政管理体制，优化税种结构和税率标准，尽快形成合理有效的生态补偿机制，减轻各地发展工业特别是重化工业的压力，引导各地走可持续发展的道路。支持发展高新技术产业，支持发展现代服务业，提高服务业的比重和质量。加快金融改革和创新，引导信贷资金投向节能减排、技术进步等领域。进一步深化投资体制改革，规范政府投资行为，提高投资效益。

第三，完善干部考核机制，建立科学的干部考评指标体系，推进干部人事制度改革。领导干部是转变经济发展方式的组织者和推动者。必须按照科学发展观的要求，建立和完善科学的政绩考核体系和干部任用制度。要引导干部树立正确的政绩观，就必须建立全面评价干部政绩的指标体系，应形成有利于落实科学发展观、转变经济发展方式的政绩考核体系。改进政绩考核方法，加大考核结果运用的力度，建立健全考核举报、考核申诉、考核结果反馈等制度。

推进干部人事制度改革。坚持群众公认和公开、平等、竞争、择优原则，继续扩大干部选拔任用工作中的民主，落实群众在干部选拔任用中的知情权、参与权和监督权，使那些坚持权为民所用、情为民所系、利为民所谋的干部得到重用，使那些官僚主义、形式主义严重的干部受到惩处。建立干部选拔任用工作责任制，实行用人失察失误责任追究制度，不断提高干部选拔任用工作的水平。①

① 刘相，朱健：《完善转变经济发展方式的体制机制》，载《人民日报》2007年8月10日。

第三篇　中国发展模式篇

中国模式的形成是中国改革开放30多年最主要的成果之一，但中国模式并非因此成为永恒，而是需要在实践中根据新情况不断完善。在变中求新、在变中图强，是中国模式形成的主因。目前，中国经济发展奇迹已进入提质增效的“第二季”，深化所有制改革，坚持完善基本经济制度；深化收入分配制度改革，力争实现居民收入倍增；完善现代市场体系，建立统一、开放、竞争、有序的市场体系；建立内外联动、互利共赢、安全高效的开放型经济体系，努力构建开放型经济新体制。坚持发展和完善中国特色社会主义经济制度，不断完善和创新中国模式，就一定能将中国奇迹续写下去，中国后面的故事会更精彩。

第6章 深化所有制改革与完善基本经济制度

基本经济制度直接决定着我国的社会性质，是中国特色社会主义伟大事业取得成功的制度保证，是创造中国奇迹的重要保障。党的十八届三中全会强调，必须毫不动摇巩固和发展公有制经济，坚持公有制主体地位，发挥国有经济主导作用，不断增强国有经济活力、控制力、影响力；必须毫不动摇鼓励、支持、引导非公有制经济发展，激发非公有制经济活力和创造力。这对加快完善社会主义市场经济体制、促进生产力发展、人民生活水平提高和综合国力增强，具有不可估量的历史意义和现实意义。

6.1 坚持和完善社会主义初级阶段的基本经济制度

党的十八届三中全会明确指出，公有制为主体、多种所有制经济共同发展的基本经济制度，是中国特色社会主义制度的重要支柱，也是社会主义市场经济体制的根基。公有制经济和非公有制经济都是社会主义市场经济的重要组成部分，都是我国经济社会发展的重要基础。坚持和完善基本经济制度，必须完善产权保护制度，积极发展混合所有制经济，推动国有企业完善现代企业制度，支持非公有制经济健康发展。

6.1.1 必须坚持“两个毫不动摇”

党的十六大第一次提出必须坚持“两个毫不动摇”，党的十七大进一步提出要把“两个毫不动摇”作为长期坚持的方针，党的十八大重申“两个毫不动摇”。党的十八届三中全会通过的《中共中央关于全面深化改革若干重大问题的决定》强调指出，要继续坚持“两个毫不动摇”，即：必须毫不动摇地巩固和发展公有制经济，坚持公有制主体地位，发挥国有经济的主导作用，不断增强国有经济活力、控制力、影响力；必须毫不动摇地鼓励、支持、引导非公有制经济发展，激发非公有制经济活力和创造力，彰显了党和政府坚持和完善基本经济制度的坚定决心。在全面深化改革的大背景下，坚持“两个毫不动摇”显然是十分重要的。

坚持“两个毫不动摇”是由我国多层次的生产力发展水平决定的。我国正处于并将长期处于社会主义初级阶段，整体上说生产力比较落后且多层次；人口众多且就业空间小，人民群众多方面的物质文化需要不能得到充分满足。单纯地发展公有制经济不利于生产力的发展。因此在现阶段必须坚持社会主义初级阶段基本经济制度，在坚持公有制主体地位的同时，大力恢复和发展非公有制经济。正是因为突破了单一的所有制结构，破除了姓“社”姓“资”的思维定势，提出了公有制经济与非公有制经济“共同发展”的开放理念，我们将世界文明潮流与自身发展进步结合起来，将现代化规律与本国国情结合起来，在世界经济发展史上创造了人口大国走向繁荣富强的“中国奇迹”。

坚持“两个毫不动摇”是尊重基本经济制度形成和发展历史的重要表现。改革开放以来，我国实行存量资本改革与增量资本改革同时并举的路径：一方面，对公有制经济即存量资本进行改革、改组、改造，如大力推进国有企业和集体企业改革改制，积极寻找与社会主义市场经济相兼容的公有制实现形式；另一方面，大力发展非公有制经济即增加增量资本，积极推动众多产业领域对非公有制经济放开准入，促进劳动、知识、技术、管理和资本的活力竞相迸发，由此开创出社会财富像源泉般充分涌流的新局面，将我国推上世界第二大经济体的位置，使基本经济制度成为中国特色社会主义的最大亮点。从 1978 年至 2011 年，我国国内生产总值由 3 645亿元增长到471 564亿元，年均增速不仅明显高于 1953 年至 1978 年间 6.1% 的速度，而且高于日本、韩国经济起飞阶段，是同期世界经济年均增长率的 3 倍多，人民生活实现由温饱不足到总体小康的历史性跨越，成功地走出了一条符合国情、极具活力的发展之路①。30 多年的改革实践证明，公有制特别是国有经济不仅可以搞好，而且可以与市场经济有机结合。因此，公有制为主体、多种所有制经济共同发展的基本制度是历史的选择和必然，坚持“两个毫不动摇”就是尊重历史的表现。

坚持“两个毫不动摇”是我国深化改革的必然选择。一方面，毫不动摇地巩固和发展公有制经济，通过调整国有经济战略布局、不断探索公有制的有效实现形式，公有制经济活力不断增强，国有资产总量不断增加。② 在关系国家安全和国民经济命脉的重要行业和关键领域，一大批富有活力的国有和国有控股企业脱颖而出。如今，公有制经济已经成为自主创新“排头兵”、重大工程“顶梁柱”、社会责任“主心骨”、走出国门“探路者”，主导作用和影响力得到充分发挥。毫不动摇地鼓励、支持和引导非公有制经济发展，非公有制经济不断发展壮大，在支撑增长、促进创新、活跃市场、扩大就业、增加税收等方面发挥了重要作用。在改革开放短短的 30 多年时间里，之所以出现国民经济和社会发展取得巨大进步的中国奇迹，是因为我们坚定不移地坚持和完善基本经济制度，公有制经济和非公有制经济都得到长足的发展。经过改革后的公有制经济，现已呈现出勃勃的生机和前所未有的活力，尽管国有企业的数量减少了，产值比重降低了，但综合竞争力得到极大的提升，如 2013 年世界 500 强排名中，中国上榜企业达 95 家，大多数为国有和国有控股企业。与此同时，非公有制经济从无到有、由弱变强，呈现出迅猛发展的良好态势，非公企业产值比重、劳动力比重等已占到半壁江山，华为投资控股有限公司、江苏沙钢集团、联想集团、山东魏桥创业集团和浙江吉利控股集团等非公有制企业也进入世界 500 强。非公有制经济已经成为我国经济发展、科技创新、改革开放的生力军和扩大就业的主渠道。

---

① 梁朋：《坚持和完善基本经济制度》，载《学习时报》2012 年 6 月 4 日。

② 赵振华：《必须坚持“两个毫不动摇”》，载《光明日报》2014 年 3 月 26 日。

6.1.2　毫不动摇地巩固和发展公有制经济的主体地位

社会主义国家的根本性质决定了我国必须始终坚持以公有制为主体的经济制度。公有制是社会主义经济制度的基础，是社会主义区别于资本主义的最根本、最本质特征之一。公有制经济的主体地位，不仅是我国宪法的规定，也是社会主义初级阶段根本任务的现实要求。现阶段，我国生产力总体水平低、人均资源匮乏，动摇或否定公有制经济的主体地位，不仅不能集中力量加快发展，而且会逐渐导致贫富两极分化，使整个社会失去发展的凝聚力和动力。党的十六大报告提出必须毫不动摇地巩固和发展公有制经济，并提出兼并重组、整合壮大的新一轮改革目标。《中共中央关于完善社会主义市场经济体制若干问题的决定》明确指出："进一步推动国有资本更多地投向关系国家安全和国民经济命脉的重要行业和关键领域，增强国有经济的控制力。"① 如果公有制为主体、国有经济为主导的地位被动摇和否定了，社会主义经济制度也就被动摇和否定了。邓小平反复强调公有制为主体是社会主义必须始终坚持的一条根本原则。

坚持公有制主体地位，关系到中国改革发展的前途与命运，关系到社会主义事业的兴衰成败。一是以国有经济为主导的公有制经济，一直是我国经济社会发展的主要推进力量。中华人民共和国成立60多年来，我国国有经济产值平均增长速度高于10%。国有经济的利税率一直高于其他所有制，在改革的较长时期内其上交利税一直占国家财政收入的80%以上，目前仍占50%以上。不仅如此，当前我国经济最重要的生产资料，关键技术和重要消费品的80%以上，都是由国有企业提供，化肥、农药、大型农业机械主要是由国有及国有控股企业提供。二是以国有经济为主导的公有制经济是国家高效调控经济的主要产权基础。我国为了克服西方金融和经济危机的冲击和负面影响，主要运用国有经济的力

① 中共中央文献研究室：《十六大以来重要文献选编》（上），中央文献出版社2005年版，第466页。

量，积极执行国家投资计划，高效率提供大量公共产品，大幅度改善国计民生，确保了宏观和微观经济的稳定运行。三是以国有经济为主导的公有制经济是国家实现经济自主发展和参与国际高端竞争的重要经济条件。四是以国有经济为主导的公有制经济是实现科学发展的重要保障。公有制经济不仅注重经济效益，也注重社会效益、生态效益，更注重国家的整体利益和长远利益。

中华人民共和国史证明，公有制经济的建立和巩固，是中华人民共和国实现独立和富强的重要物质基础，是当代中国一切发展进步的根本前提和制度基础；改革开放以来30多年的实践证明，公有制经济是我国社会主义现代化建设的支柱和国家进行宏观调控的主要物质基础，是社会主义经济性质的根本体现，坚实公有制的主体地位，对于发挥社会主义制度的优越性具有关键性作用。

6.1.3　毫不动摇地鼓励、支持和引导非公有制经济的发展

改革开放以来，我们党对非公有制经济地位和作用的认识经历了一个循序渐进、不断深化的过程。党的十二大、十三大先后提出个体经济、私营经济是公有制经济必要的和有益的补充；党的十四大首次提出建立社会主义市场经济体制的所有制结构应该是以公有制包括全民所有制和集体所有制经济为主体，个体经济、私营经济、外资经济为补充，多种经济成分长期共同发展；党的十五大不仅首次把公有制为主体、多种所有制经济共同发展确立为我国的基本经济制度，而且首次提出非公有制经济是社会主义市场经济的重要组成部分；党的十六大明确指出，毫不动摇地巩固和发展公有制经济，毫不动摇地鼓励、支持和引导非公有制经济发展；党的十七大强调指出，要把“两个毫不动摇”作为长期坚持的方针，提出要平等保护物权、形成各种所有制经济平等竞争和相互促进的新格局；党的十八大进一步指出，毫不动摇鼓励、支持、引导非公有制经济发展，保证各种所有制经济依法平等使用生产要素、公平参与市场竞争、同等受到法律保护。从“必要的和有益的补充”，到“共同发展”，再到

“是社会主义市场经济重要组成部分”，直到“都是社会主义市场经济的重要组成部分”，显然，党对非公有制经济地位的认识是不断深化的。“公有制经济和非公有制经济都是社会主义市场经济的重要组成部分”，不仅重申了非公有制经济在社会主义市场经济中的地位，而且首次将非公有制经济与公有制经济置于同等重要的地位，表明党对非公有制经济的认识达到一个新的高度。

正是在党的非公有制经济的政策指引下，我国个体、私营等非公有制经济异军突起，从小到大，由弱到强，蓬勃发展，在促进我国经济社会发展方面同公有制经济一样，发挥着越来越重要的作用。党的十八届三中全会通过的《决定》指出，非公有制经济是社会主义市场经济的重要组成部分，而且第一次将非公有制经济与公有制经济置于同等重要的地位。

非公有制经济在时代大潮中异军突起，已经成为我国全面建设小康社会、实现中华民族伟大复兴的一支重要力量。概括起来，非公有制经济的重要作用表现在五个方面。一是非公有制经济的发展打破了公有制经济“一统天下”的格局，增强了经济活力。非公有制经济是完善社会主义市场经济体制的直接参与者和积极推动者，非公有制经济的发展促进了市场主体多元化，形成了多元竞争格局，这有利于节约社会资源、提高经济效率，有利于建成完善的社会主义市场经济体制。二是非公有制经济的发展促进了公有制企业特别是国有企业的改革。非公有制经济的发展，不仅对国有企业形成了加快改革和发展的压力，而且为国有企业建立法人财产权和法人治理结构，实现所有权和经营权分离，形成企业内部的制衡机制和科学的决策机制，从而为改革传统国有企业提供了一个样本。三是非公有制经济是国民经济发展强劲稳定的动力，加快了中国经济的持续快速稳定发展。四是非公有制经济是促进国家科技创新的重要载体。非公有制企业具有体制灵活、经营高效的特点，在科技创新上动力更强、反应更快、效益更好，已经成为技术改造、产品创新、科技成果转化的重要基地。五是非公有制经济是创造就业机会的主要渠道。在过去几年里，非公有制经济每年创造了数百万的就业机会，不但吸收了新增的城镇就业人员、农村富余劳动力、高校毕业生，也吸收了从国有企业分流出来的人员。非公有制经济今后仍将是创造就业机会的主要渠道。①

改革开放以来，我国个体、私营和外资经济等非公有制经济快速发展。到 2012 年底，我国个体工商户已达4 059万户，从业人数约8 000万人，资金总额 1.98 万亿元；私营企业1 086万户，从业人数超过 1.2 亿人，注册资金超过 31 万亿元。② 实践证明，发展非公有制经济是发展中国特色社会主义事业的重要内容，是坚定不移地走中国特色社会主义道路的内在要求和必然选择。

6.1.4　积极发展混合所有制经济

1993 年，党的十四届三中全会决定提出：随着产权的流动和重组，财产混合所有的经济单位越来越多，将会形成新的财产所有结构。党的十五大报告提出：公有制实现形式可以而且应当多样化。股份制是现代企业的一种资本组织形式，有利于所有权和经营权的分离，有利于提高企业和资本的运作效率，资本主义可以用，社会主义也可以用。党的十六大报告指出：除极少数必须由国家独资经营的企业外，积极推行股份制，发展混合所有制经济。党的十七大报告进一步提出，以现代产权制度为基础，发展混合所有制经济。

党的十八届三中全会的《决定》指出，国有资本、集体资本、非公有资本等交叉持股、相互融合的混合所有制经济，是基本经济制度的重要实现形式，有利于国有资本放大功能、保值增值、提高竞争力，有利于各种所有制资本取长补短、相互促进、共同发展。这为我国坚持和完善基本经济制度开辟了道路。

在 30 多年改革中，我国的混合所有制经济得以迅速发展。银监会年报显示，到 2012 年，我国已有2 494个境内上市公司，股票市值达 23 万亿元，占当年国内生产总值的

---

① 麻智辉：《毫不动摇地发展非公有制经济》，载《江西日报》2013 年 12 月 16 日。

② 张卓元：《混合所有制经济是什么样的经济》，载《求是》2014 年第 8 期。

43%，股票有效账户数14 046万户。我国上市公司中有一多半是由国有资本控股参股的，它们是典型的混合所有制经济。银行业中无论是股份制商业银行，还是城市商业银行和农村中小金融机构的股本中，民间资本占比均接近半数或在半数以上。统计表明，2010年混合所有制经济占工商登记企业注册资本的40%以上；2012年混合所有制经济占固定资产投资的33%。从1999年到2012年，混合所有制经济对全国税收的贡献率逐年提高，1999年占11.68%，2012年为47.03%。①

中国创造了公有制与市场经济融合的成功范例，初步实现了多种所有制经济共同发展。但从现实生产力发展状况看，我国仍需加大所有制结构调整力度，通过积极发展混合所有制经济，使基本经济制度适应社会主义初级阶段的国情。为此，党的十八届三中全会作出了新的战略部署。一是提出混合所有制经济是基本经济制度的重要实现形式。混合所有制既是公有制的实现形式，更是公有制为主体多种所有制经济共同发展的基本经济制度的重要实现形式。现阶段，积极发展混合所有制经济，已成为坚持和完善基本经济制度的重要着力点。主要通过深化国有企业改革，要求国有大中型企业更好地引入非国有的战略投资者，建立现代公司制度，完善法人治理结构，同时也是为了更好地引导非公有资本，同国有资本或集体资本合作，为发展社会主义市场经济作贡献。二是鼓励非公有制企业参与国有企业改革。鼓励和支持有实力和意向的非公有制企业兼并、收购、承包、租赁、参股、重组国有企业；鼓励和引导非公有制企业发展战略性新兴产业，围绕战略性新兴产业发展重点，投资新一代信息技术、高端装备制造、生物医药、新能源、新材料、节能环保、新能源汽车等重点产业；在金融、石油、电力、铁路、电信、资源开发、公共事业等领域，向非国有资本推出一批投资项目，为民间资本提供大显身手的舞台。三是允许混合所有制经济实行企业员工持股，把国家利益、企业利益

① 张卓元：《混合所有制经济是什么样的经济》，载《求是》2014年第8期。

和员工利益相结合的模式进行整合，建立全员利益新秩序。让员工成为真正意义上的股东，让他们不但通过劳动获得工资报酬，还可以通过股份分红等形式享有企业发展成果。员工持股不仅要将持股与其对企业的贡献大小相挂钩，还要引入退股机制，避免员工持股陷入终身制而无法真正起到激励员工的目的。当然，还要严防把员工持股搞成私分公有资产。

6.2 理直气壮地做大做强国有企业

经过多年的不断探索，国有企业改革发展已取得很大成效，但改革仍处于进行时，需要进一步解决体制机制问题和结构问题。改革开放以来，国有企业改革一直是我国经济体制改革的中心环节，受到国内外的广泛关注，但也存在不少争议。国际金融危机爆发以来，一方面，社会上有关“国进民退”、“国企垄断”、“与民争利”等言论持续不断，认为国有企业做强做优不符合市场取向的改革方向；另一方面，有关“民进国退”、“私有股份化”、“公有制地位削弱”等观点也经常发声，认为已出现私有化的改革倾向。① 因此，在对国有企业改革和发展的一些基本问题正本清源的同时，必须按照中央的精神理直气壮地做大做强。

6.2.1 国有企业是落实“两个毫不动摇”的中坚力量

国有企业是指资本全部或主要由国家投入，依法设立，从事生产经营活动的经济组织。理解和认识国有企业的概念要把握四点：一是资本全部或主要由国家投入；二是主要从事生产经营活动；三是属于经济组织；四是依法设立，法律确认其一定权利义务。国有企业是从事生产经营活动的经济组织，但并非所有的国有企业都要将利润最大化作为首要目标。界定国有企业内涵时还应把握以下几点：一是理论上的国有企业与监管中的国有企业有所不同，前者通常是指国有

① 李晓南：《把握国有企业改革的正确方向》，载《经济日报》2013年6月21日。

独资公司和国家控投 50% 以上的国有绝对控股公司，后者通常是指国有控股 50% 以下的相对控股公司或国有参股公司也作为国有企业；二是企业化管理的事业单位也属于国有企业的范畴；三是尽管国有金融企业也属于国有企业范畴，但我国在讲国有企业改革时所指的国有企业主要指国有工商企业，而将包括国有的银行、保险、证券、基金等经济组织在内的国有金融企业划归金融体制改革范畴。

从登上历史舞台起，国有企业就是中国社会主义建设事业的主体和主导力量。中华人民共和国成立后的前 30 年，本着艰苦奋斗、勤俭建国的精神，国有企业几乎由零起步，使中国工业化从一张白纸一跃成为世界第六大工业强国；改革开放以来，国有企业又承担了巨大的改革成本，几度陷入困境……毫不夸张地说，没有国有企业的担当与付出，就没有中华人民共和国 60 多年的成就与辉煌。

国有企业是坚持基本经济制度的坚强基础，是公有制经济的重要组成部分和实现形式。巩固公有制经济，主要是加强国有经济对国家重要行业和关键领域的控制力；发展公有制经济，主要是发挥国有经济的主导作用。在规模以上工业企业中，全国国有及国有控股企业的资产总额所占比重一直保持在 50% 以上。在石油石化、煤炭、军工等重要行业和关键领域，国有资产所占比重超过 80%。据财政部统计的国有企业财务决算报告数据，截至 2012 年年底，全国共有国有企业（不含金融类企业）14.7 万户，资产总额 89.5 万亿元，净资产 32 万亿元。企业资产总额和净资产分别比 2002 年的 19.4 万亿元和 7.7 万亿元增长了 3.6 倍和 3.2 倍。全国国有企业利润总额由 2002 年的 0.4 万亿元增加到 2012 年的 2.4 万亿元，增长了 5 倍。2002 年到 2011 年，国务院国资委监管的中央企业的资产总额从 7.13 万亿元增加到 28 万亿元；营业收入从 3.36 万亿元增加到 20.2 万亿元。2013 年，有 86 家中国企业进入财富 500 强，其中，国有企业 79 家，中央企业 45 家。中国企业联合会从 2002 年开始发布中国企业 500 强，目前中国企业的 500 强中，国有或者国有控股净利润占 86%，纳税占 81%，除了企业数只有 60% 以外，其他的数据都超过了 80%。①

由此可见，国有企业居于产业网络的核心地位，支配的资源众多，市场影响力巨大，在推动生产要素优化重组、产业升级、产业集群建设、新兴产业发展等方面，发挥着中小企业难以替代的重要作用。国有企业的骨干作用不仅体现在资产、生产规模的大小，实现利润、上缴税收的多少，更重要的是在贯彻落实国家宏观调控政策、保障市场供应、维护市场经济秩序等方面都发挥了带头作用。国际金融危机爆发后，我国之所以能够从容应对，并率先实现经济回升向好，受到国际社会广泛称赞，一个重要原因就是拥有强大的国有经济，使政府宏观调控得以更好地掌握全局。国有经济战略性调整取得的重大进展，实现了公有制为主体，多种所有制经济共同发展的格局。中央企业通过产权股份化、资本证券化丰富了公有制的实现形式，以混合所有制经济的方式带动民间资本共同发展，让全社会分享改革发展成果，践行了“两个毫不动摇”。

6.2.2　坚定国有企业改革的信心和方向

国有企业改革始终是整个经济体制改革的中心环节。随着改革的深入，国有企业实现了向市场主体的转变。这一过程，大体经历了三个阶段：扩大经营自主权阶段；制度创新和结构调整阶段；以国有资产管理体制改革推动国有企业改革发展阶段。

然而，改革与探索的过程并非一帆风顺。1993 年的十四届三中全会明确指出，国企改革的方向是建立现代企业制度，国有企业开始真正进入市场参与竞争。但由于社会负担重、历史包袱多、企业冗员严重等诸多问题的困扰，国企一度举步维艰。在最困难的 1998 年，5.8 万户国有企业中有三分之二以上亏损，国有及国有控股亏损企业亏损额近千亿元。经过不断深化改革和机制转换，增强了国有企业的市场主体意识，激发了国有企业的发展活力，特别是党的十六大

① 李建明：《深化国企改革的必要性和关键点》，载《理论视野》2014 年第 1 期。

以来，随着国务院国资委的成立，国有企业的管理水平和运行质量不断提高，经济效益屡创新高。一批具有较强国际竞争力的大公司大企业集团不断涌现。2003 年到 2011 年，全国国有及国有控股企业（不含金融类企业）营业收入从 10.73 万亿元增长到 39.25 万亿元，年均增长 17.6%；净利润从3 202.3亿元增长到 1.94 万亿元，年均增长 25.2%；资产总额 85.37 万亿元，所有者权益 29.17 万亿元，分别是 2003 年的 4.3 倍和 3.5 倍；2011 年底，全国国有企业拥有自主知识产权专利 21.4 万项；截至 2011 年底，中央企业境外资产总额 3.1 万亿元，营业收入 3.5 万亿元，实现净利润 1 034.5亿元，分别占全部中央企业资产总额、营业收入和利润的 11%、16.9% 和 11.3%。① 这种历史性变化在短短十几年中发生，关键是靠改革。

国有企业不仅承担着更多的国家责任和社会责任，同时，还是大国之间国际竞争的主要力量。在履行国家责任和社会责任方面，国有企业为增加国家财政、保障市场供应、支持民生工程建设做出了重要贡献，积极参与定点扶贫和援疆援藏工作，在承担急难险重任务中发挥骨干作用。2003 年至 2010 年国有企业累计上缴税金 13.6 万亿元，划归社保基金国有股权2 119亿元；“十一五”期间，中央企业归属母公司所有者权益净增加 2.9 万亿元，累计上缴国有资本收益达 1 686亿元。2008 年至 2010 年央企累计用于扶贫、救灾、公益事业等对外公益捐赠 133.7 亿元。② 在国际竞争方面，国有企业扮演着越来越重要的角色。1996 年，中国国有世界 500 强企业仅占世界 500 强全部营业收入总额的 0.3%，其中非金融类央企仅占 0.1%，与美国、欧洲和日本的相对差距分别为 99.4 倍、102.8 倍和 125.5 倍。随着中国大陆进入世界 500 强企业数量的不断增加，中国国有企业占全部世界 500 强营业收入总额的比重持续上升，到 2012 年，已达到 15.5%，其中非金融类央企占 11.3%，与美国、欧洲和日本

---

① 罗志荣：《国企改革——十年攻坚探出发展新路子》，载《企业文明》2013 年第 3 期。

② 国务院国有资产监督管理委员会党委：《坚定不移地推进国有企业改革发展》，载《求是》2012 年第 10 期。

的相对差距分别为 2.2 倍、2.3 倍和 0.97 倍。中国在世界 500 强的营业收入规模上已超过日本，成为世界 500 强企业营业收入规模第二大国家，仅次于美国。

国有企业改革经历了十几年巨变，从低谷到艰难复苏，然后集体崛起，并迅速占领国际舞台。竞争力越来越强的中国国有企业群体，必将成为中国崛起的“国家脊梁”。同时，我们应该看到深化国有企业改革的任务还很繁重，如发展混合所有制经济过程中会出现控制权转移、国有资产流失及诱发腐败，公司法人治理结构仍不完善，政府职能的越位等问题。因此，国有企业的改革绝不能停滞不前，更不能倒退回潮，应该满怀信心地继续推进国有企业改革。

6.2.3　继续推进国有企业改革

2014 年人大会议期间，习近平总书记在上海代表团参加审议时指出，深化国企改革是大文章，国有企业不仅不能削弱，而且还要加强；国有企业加强是在深化改革中通过自我完善，在凤凰涅槃中浴火重生，而不是抱残守缺、不思进取、不思改革，确实要担当社会责任树立良好形象，在推动改革措施上加大力度。国有企业不仅不能削弱，而且还要加强深化，指明了国企改革所要达到的总目标。

改革开放以来，国企改革与发展取得了巨大的成就，但是，近几年国企改革与发展的环境日趋复杂，给国企改革与发展提出了新的挑战。继续推进国有企业改革，必须按照十八大的要求，完善国有资产管理体制，以管理资本为主加强国有资产监管，改革国有资本授权经营体制，组建若干国有资本运营公司，支持有条件的国有企业改组为国有资本投资公司；推动国有资本更多投向关系国家安全和国民经济命脉的重要行业和关键领域，不断增强国有经济活力、控制力、影响力，将成为未来我国国有企业改革的重大任务。党的十八届三中全会通过的《中共中央关于全面深化改革若干重大问题的决定》，对全面深化国有资产和国有企业改革进行了总体部署，提出了新思路、新任务、新举措。国资委要以此为基本遵循，进一步解放思想、开拓创新，推动国有资产和国有企业改革取得新突破。未来国有企业改革的基本思路：一是国有资本体制改革；二是对国有企业实行“分类改革与监管”。

通过国有资本体制改革，提高国有资本的配置效率，调动国有企业的积极性，健全法人治理结构，推动国有企业自主创新、技术突破、产业升级。国有资本体制改革又分为两个层次：国有资本配置体制改革和国有企业管理体制改革。改革开放以来的许多年内，我们基本上集中于国有企业管理体制的改革，并取得了较大的成绩。一是国有企业基本上已改制为股份制企业，不少还已改制为上市公司，它们程度不等地参与市场竞争，适应市场环境，并接受市场竞争的检验。二是国有企业通过兼并重组，生产要素重新组合，以及撤出一些领域，终于实现了产业结构的初步调整，效益和产值实现增长，为社会和经济发展做出了较多的贡献。三是在一些关系到国民经济重大问题的领域，国有企业作为行业的骨干企业，在保证经济平稳发展和保证中国经济自主性、独立性方面发挥了重要作用。在20世纪90年代后期的亚洲金融风暴期间，在21世纪最初10年后期的美国次贷危机和欧债危机期间，中国国有企业的总体表现可以充分反映这一点。当然也存在不少问题，如政府部门干预多，机制不灵活，法人治理结构不健全，创新动力不足和创新能力弱等。如果我们仅停留在国有企业管理体制的改革层面，国有企业体制现存的弊病或问题还会继续存在。那么，国有资本体制改革更为重要的是国有资本配置体制的改革。未来国有企业将实行三层架构（“国资委—国资运营/投资公司—国企”）模式，即国资委是国家投资基金公司的主管，国家投资基金公司是国有企业的出资方。国有企业同其他股份公司一样，都是市场经营主体，企业与企业之间是公平竞争关系、合作伙伴关系。具体来说，改革途径为：一是要继续推进国有企业公司制股份制改革，提高国有资产配置效率。通过资本市场和重点项目实施，吸引和带动其他所有制资本参与国有企业改革；加快推进大型国有企业的公司制股份制改革，实现产权多元化，完善法人治理结构；继续推动和规范企业改制上市，探索完善企业整体上市后的管理体制；继续加大规范董事会建设力度，逐步启动董事会、董事评价工作，完善董事会规范运作的制度体系；深化企业领导人员管理制度改革，健全市场化选人用人机制。二是要继续推进国有经济布局和结构的战略性调整，切实把国有资本投资重点放在关系国家安全和国民经济命脉的重要行业和关键领域。要推动国有企业内部业务板块之间、国有企业之间、国有企业与其他所有制企业之间的重组整合；改造和提升传统产业，培育和发展战略性新兴产业，不断提升企业科技创新能力和整体素质；鼓励支持有条件的国有企业“走出去”，提高国际资源配置能力。

通过对国有企业实行“分类改革与监管”，实现“不断增强国有经济活力、控制力和影响力”的目标。可将国有企业分为资源垄断型国企，服务民生的公益型国企，运营竞争型国企三大类，并实施分类监管。一是资源垄断型国企，这类企业主要处于涉及国家安全的行业，支柱产业和高新技术产业的企业，具体包括军工、石油及天然气、石化和高新技术产业等，这类企业既充当国家政策手段，又追求盈利，以促进自身的发展壮大，从而发挥对国家经济安全和经济发展的支撑作用。对于这类企业，除了满足公司法的一般要求外，还要针对其所处行业建立有专门的行业法规来管理，这类企业要接受政府一定的预算管理，对管理层的考核要以经济目标为主，满足国有资产保值增值的要求。二是服务民生的公益型国企，主要是指处于自然垄断的行业，提供重要的公共产品和服务的行业，具体行业包括教育、医疗卫生、公共设施服务业、社会福利保障业、基础技术服务业等。这类国有企业不以盈利为目的，主要承担公益目标。对于这类国有企业，应尽快把那些非公益性业务剥离出去，如果涉及竞争性业务，可彻底退出。同时，对这类企业的预算、资金来源、资金使用等细节实施严格管理。三是运营竞争型国企，这类企业是除了上述两类企业以外所有的现有企业，处于竞争性行业，与一般商业企业一样其生存和发展完全取决于市场竞争。对于这类企业，监管的重点之一是国有资本的收益权，通过国家出资企业的董事会或股东会，对利润分配方案进行决策，确保国有资本按照“同股同权”、“同股同利”原则分享利润，并督促出资企业向国家上缴利润，进而纳入政府的财政预算管理。监管的重点之二是出资企业资产的流动性，通过提高企业国有资本的证券化比率，实现企业国有资产的依法顺畅和有序流动。

事实证明，一个国家的经济实力和综合国力，是与一个国家拥有世界级企业的数量和质量相匹配的。中国作为一个大国，要有国际影响力，必须有一批名副其实的世界级企业，这些企业是中国大国地位的基石。继续推进国有企业改革，做大做强国有企业、培育具有国际竞争力的世界一流企业。

6.3 促进民营企业健康发展

6.3.1 民企与国企共创“中国奇迹”

改革开放以来，我国经济在长达30多年的时间里保持快速增长，民营经济起了非常重要的作用，与国有经济一起成为物质财富创造的主体，共同缔造了世界第二大经济体的地位。国企民企协调发展，事关我国社会主义基本经济制度的建立，事关经济体制改革的成败。中国的进一步崛起和强大，需要国企民企在相互合作、相互竞争中实现共同发展，共创“中国奇迹”。

国有大企业与民营企业和谐共赢的局面已经形成。一是国有企业与民营企业分工合作、互利共赢。如中国移动作为基础电信运营商，上游设备一级集中采购供应商超过300个，带动了华为等一大批民营企业迅速成长，并达到国际领先水平。二是国有企业改制重组引入大量民间资本。随着国有企业股份制改革的推进和上市步伐的加快，民间资本通过出资入股、收购股权、并购等多种方式参与到国企改制重组当中。据对石油石化、电力等9个行业71家中央企业统计，2005年至2012年，中央企业通过各种方式引入社会投资项目2 545项，引入社会投资总额6 819.70亿元，其中，民间投资3 694.27亿元，占54.17%；外商投资2 450.92亿元，占35.94%；其他社会投资674.51亿元，占9.89%。引入民间投资资本数额最多行业分别为石油石化1 726.07亿元，占25.31%；商贸行业1 200.66亿元，占 17. 61%；电力行业1 038. 05亿元，占 15. 22%。① 三是国有企业与民营企业通过合作在激烈的国际竞争中占据有利地位，实现双赢。一大批国有企业资本充裕，技术实力强，人才资源雄厚，成为与发达国家的跨国公司竞争的主要力量。而一些民营企业也在竞争中不断壮大，成为某一行业或某一领域的佼佼者。1995 年，中国大陆只有 2 家企业进入世界 500 强，全是国有企业；2012 年，中国内地入围企业数量为 70 家，超过了日本，居世界第二，其中不仅有一大批中央企业，也有地方国有企业，还有华为集团、沙钢集团、吉利集团等民营企业。

可见，国企和民企是我国经济的两根重要支柱，缺一不可。单纯地依靠任何一种所有制，都会阻滞现阶段生产力的发展。国有企业和民营企业共同发展，成就了中国 30 多年的经济奇迹，缩小了与国外的差距，为实现我国经济更大发展做出共同努力。

6. 3. 2　当前我国民营企业发展面临的突出矛盾和问题

改革开放以来，我国民营经济获得了长足发展，但发展的道路并不平坦，仍然面临着突出的矛盾和问题。

民营企业发展遭遇不平等待遇。改革开放以来，尽管国家提倡平等竞争，一视同仁，已有一些垄断行业对非公有制经济开放，但由于行政性垄断尚未完全破除，自然垄断行业呈现出一种“半行政、半市场化”的体制特征，距有效竞争相去甚远，从而导致垄断行业市场准入问题仍是影响和制约我国民营经济发展的一个主要问题。早在 2005 年，国务院发布的“非公 36 条”就指出，要深化改革，消除影响非公有制经济发展的体制性障碍，确立平等的市场主体地位，实现公平竞争。2012 年出台的“新 36 条”更明确指出，市场准入标准和优惠扶持政策要公开透明，对各类投资主体同等对待，不得单对民间资本设置附加条件。同时，铁路、金融

① 中华人民共和国国家统计局数据库 http://www.gov.cn/gzdt/2009-09/25/content_1426194.htm。

等重点垄断行业也向民资敞开了大门。然而在一些地方，民营企业始终不受重视，其发展壮大仍然面临重重壁垒，甚至遭受行政权力的种种干预和非难。民营企业在融资等方面较之非民营企业存在着更多的障碍，尚未取得与国有企业一样的待遇，融资在一定程度上也成了民营企业进入垄断行业的“瓶颈”。正如新希望集团董事长刘永好所说：“民营企业特别是小微企业，困难和压力主要表现在三个方面：一是融资难；二是行业准入门槛高；三是获取某些资源方面比其他企业困难。”

民营企业发展方式的不可持续性。在发展方式上不进则退，这是世界各国推进现代化的历史经验。英国依靠工业革命转向工业立国，孕育了超凡的能量，成为跨越两个世纪的世界经济发展领头羊；美国重视科技发明和信息革命，使其成为一个具有自主创新能力的国家，跃居世界第一经济强国，运用不断创新方式增强了综合国力，巩固经济强国的地位；相反拉美国家，在 20 世纪六七十年代以来，已经实现了人均 GDP 3 000美元，由于本国企业缺乏技术创新的动力，增长粗放方式难以向集约化过渡，同样 20 世纪 90 年代后的日本和韩国都忽视经济工业向知识经济的转型，一个个大企业缺少创新，技术多停留于模仿层面，缺乏企业核心的凝聚力和竞争力。我国民营企业，特别是中小企业总体上发展方式仍然是粗放式，高耗能、高污染、低技术、低水平现象比较普遍，加工贸易性、资源依赖性所占比较大，科技型、外向型、有辐射带动力的企业少，在国际市场上竞争力偏弱。许多中小企业尤其对宏观形势把握不准，应对挑战准备不足，在生存与发展上陷入了困境，越来越显示出传统发展方式的不可持续性。

民营企业缺乏有效的产权保护。从这些年的实际情况看，总体上讲，民营企业的财产是受到法律保护的，但是，由于种种原因，也经常会受到一些不必要的干扰和伤害。特别是在城市建设、产业布局、规划调整等方面，经常会受到来自于地方政府的干扰和侵害，如强制搬迁、补偿不按标准、小企业让大企业等。也正因为如此，民营企业家感到信心不足，投资热情也越来越弱，而且这个问题对民营经济的消极影响可能更为严重。

6.3.3　积极探讨民营企业健康持续发展之路

促进民营企业健康发展对保持经济平稳较快发展、扩大城乡就业、维护社会稳定具有十分重要的意义。必须高度重视民营企业面临的困难和挑战，加大对民营企业的支持力度，切实营造有利于民营经济发展的良好环境，真正解决民营企业市场准入难的问题，要加快落实已出台的对民营企业金融支持政策，加强对民营企业的财税支持，改善对民营企业的服务等。

第一，破除体制壁垒和政策限制，给予民营经济更多平等创业和发展的机会。要重点建设公平准入制度，切实保障一切市场主体的平等法律地位和发展权利。如在铁路、市政、能源、电信、金融、卫生、教育等领域尽快推出一批引导民间资本参与的重点项目，发挥示范带动效应。进一步加快金融体制改革步伐，引导国有商业银行向中小企业倾斜，推动民营金融机构建设，进一步建立和完善民营企业融资服务体系。发展各类生产要素市场，规范发展行业协会和市场中介组织，健全社会信用体系。深入推进行政审批制度改革，进一步清理、取消和调整行政审批事项，理顺政府和市场的关系。

第二，加快转变发展方式，调整经济结构，进行技术创新和产业升级换代。鼓励和引导民营企业积极开展纵向兼并重组，特别是鼓励大型民营企业着力开展面向产业链上下游双向以及价值链高端的兼并重组，并由此推动企业产出结构调整和技术结构升级，实现产业关联度较高、产业链较长、市场竞争力较强的企业发展与扩张。实现从传统产业向现代产业体系转变，改变过度依赖资本驱动的模式，转向依靠创新驱动，从单纯强调规模扩张转向做强、做优企业，提高自身的“破门能力”。鼓励有条件的民营企业建立现代企业制度，促进民营企业构建与市场经济相适应的科学化、规范化的现代企业组织制度和管理制度，进一步提升民营经济的发展能力和水平，实现民营经济的持续健康发展。

第三，切实加强民营企业产权保护。十八届三中全会通过的《决定》明确指出，产权是所有制的核心。健全归属清晰、权责明确、保护严格、流转顺畅的现代产权制度。公有制经济财产权不可侵犯，非公有制经济财产权同样不可侵犯。国家保护各种所有制经济产权和合法利益，保证各种所有制经济依法平等使用生产要素、公开公平公正参与市场竞争、同等受到法律保护，依法监管各种所有制经济。将非公有制经济财产权上升到与公有制经济同等地位，进一步明确和强调非公有制经济财产权同样不可侵犯，并随着相关的法律法规进一步的完善和补充，使非公有制经济的财产权在法律层面得到更加有效的保护。无疑会增强非公有制经济财产所有权者的发展信心和发展热情。

第7章 深化收入分配制度改革与实现居民收入倍增

——从“被中高收入”走向真正高收入

2014年4月23日，国家发展和改革委员会就启动“十三五”规划编制工作举行新闻发布会。国家发展和改革委员会发展规划司司长徐林在会上表示：“目前，我国人均GDP达到6 700多美元，已经属于中高收入国家的行列，我们的目标是希望通过‘十三五’的努力，用世界银行的标准接近高收入国家的行列，如果做得更好一点，可能就进入高收入国家的行列。”此言经网络同步传播，旋即引发网民热议。联系之前的“被中产”、“被幸福”，有网民认为此次是“被中高收入”了①。一时间，中国是否真的已进入“中高收入”国家行列，成了国人热议的话题。

7.1 我们“被中高收入”了吗?

根据2008年世界银行公布的收入分组标准，人均国民总收入低于975美元为低收入国家，在976美元至3 855美元之间为中等偏下收入国家，在3 856美元至11 905美元之间为中等偏上收入国家，高于11 906美元为高收入国家。目前，我国人均GDP达到6 700多美元，可见，中国确实已进入中等偏高收入国家的行列。理论上来讲，如果中国能保持目前的发展速度，到2020年，中国实现人均GDP 1万美元的目标也不是梦想，那么，再过十年左右的时间进入高收入国家是顺理成章的事。短短六十余年的时间，中国就从中华人民共和国成立之初的“一穷二白”的国家发展成为今天的“中高收入国家”，居民收入水平提高之大令世人称奇，这主

① 王红茹：《专家称我国确已进中高收入行列 不代表人人富得流油》，载人民网 http://finance.people.com.cn/n/2014/0513/c1004-25009345.html，2014年5月13日。

要归功于改革开放以来收入分配制度改革。

改革开放30多年来，我国发生了翻天覆地的变化，取得了举世瞩目的成就。其中，经济体制改革步伐迈得最大，成就最大。收入分配制度作为经济体制改革的一个重要组成部分，自改革开放以来，一直积极稳妥推进。

中国分配制度改革始于党的十一届三中全会。纵观改革开放以来我国收入分配政策变迁，其鲜明的演变轨迹如图7-1所示：

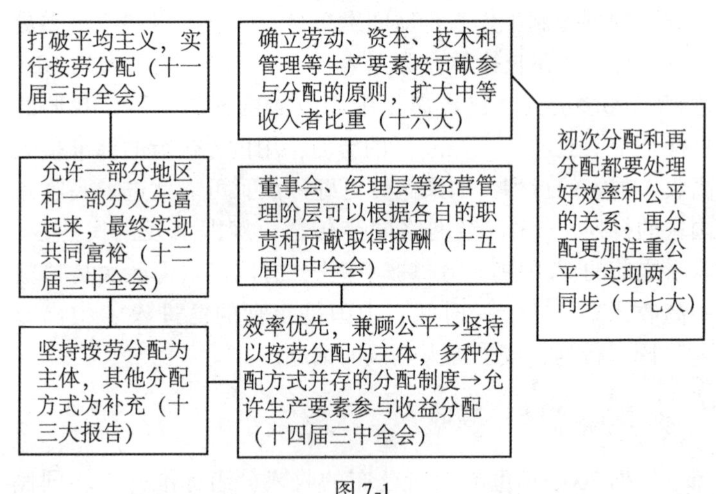

图7-1

2012年，党的十八大明确指出："提高居民收入在国民收入分配中的比重，提高劳动报酬在初次分配中的比重。初次分配和再分配都要兼顾效率和公平，再分配更加注重公平。"为落实十八大提出的收入分配制度改革精神，有关部门专门进行了研究，出台了收入分配制度改革方案。2013年2月3日，国务院以国发〔2013〕6号文批转了国家发展和改革委员会、财政部、人力资源社会保障部出台的《关于深化收入分配制度改革的若干意见》（以下简称《意见》）。《意见》提出了收入分配制度改革的基本原则、思路、目标以及基本的政策手段等。党的十八届三中全会进一步明确了要继续深化收入分配制度改革，健全收入决定机制，提高劳动收入比重，规范收入分配秩序，完善收入分配调控机制和再分配调节机制，形成合理有序的收入分配格局。

经过 30 多年收入分配制度改革的探索，我国现已确立起中国特色收入分配制度，即实现了由单一的按劳分配制度向按劳分配为主体、多种分配方式并存的分配制度转变，确立了劳动、资本、技术、管理等生产要素参与收入分配的制度，形成按劳分配为主体、多种分配方式并存的分配格局，有效调整了各个经济主体之间的利益关系。尤其是，劳动力市场供求机制的形成奠定了工资收入确定的基础导向作用，建立了政府宏观调控工资的体系，对国有企业进行了薪酬制度的改革，国有企业薪酬制度体系逐步朝规范化、法制化、市场化方向发展。

随着收入逐年提高，广大人民群众的生活水平得到了明显改善，这是全世界都有目共睹的。根据国家统计局公布的数据，2013 年我国每 2 天半创造的产值比改革开放初期 1978 年全年创造的产值还要多还要大。从综合国力来看，我国的 GDP 总量已经从改革开放初期的世界第 10 位上升到第 2 位，外汇储备由 1978 年的世界第 38 位上升为第 1 位，诸多工农业产品产量位居世界第一。① 从人民生活水平来看，党中央、国务院高度重视改善民生，采取一系列政策措施，不断调整国民收入分配格局，加大收入分配调节力度，加快推进收入分配制度改革，在增加城乡居民收入、改善人民生活和促进社会和谐等方面取得显著成效。例如，各地不断提高最低工资标准，不仅调整的频率快，调整的幅度也很大，根据人力资源和社会保障部公布的数据，2011 年全国有 24 个省份调整了最低工资标准，平均增幅为 22%；2012 年有 25 个省份调整了最低工资标准，平均增幅为 20.2%②；2013 年全国共有 26 个省份调整了最低工资标准，月最低工资标准平均增幅为 18%③。企业退休人员养老金从 2005 年以来

---

① 赵振华：《收入分配的突出问题与改革重点》，载《学习时报》2012 年 10 月 8 日。

② 郭晋晖：《GDP“7 时代”最低工资调整频率加快增幅收窄》，载《第一财经日报》2014 年 6 月 6 日。

③ 李唐宁：《26 省调最低工资标准　平均增 18%》，载《经济参考报》2014 年 1 月 15 日。

实现“十连调”，绝对水平已从2005年的月人均714元提升到2014年的超过2 000元，而在此前的1998年到2004年的七年间，我国企业退休人员月养老金一共才增加180元。农村居民收入增速连续三年快于城镇居民，扶贫标准大幅提升到每人每年2 300元。农民人均纯收入由1978年的133.6元提高到2013年的8 896元，城市居民可支配收入由1978年的343元提高到2013年的26 955元。与此同时，城乡居民的衣、食、住、行、用等各个方面的生活都有了极大改善，九年制免费义务教育、新的农村合作医疗保险、农村最低生活保障制度、农村养老保险制度以及城市各种社会保障制度已经初步建立，最近10年是城乡老百姓得到实惠最多的时期。

因此，实际上我们并没有“被中高收入”，经过30多年的高速经济增长，人民生活大大改善，整体而言我国的确已经进入中高收入国家序列。

7.2 为什么我们感觉“被中高收入”了？

那么，为什么我们感觉“被中高收入”了？这主要是由于我们的收入分配差距问题存在，引致收入水平“被平均”而来。简单来说，就是“东边一家一千万，西边九家穷光蛋，平均算一算，家家有百万”。本来没有进入高收入阶层，因为“被平均”，穷人变中产了。

7.2.1 问题出在哪儿？

改革开放之前，过度的平均主义直接抹杀了广大人民群众的积极性和创造性，导致了共同贫穷。改革开放以来，我国收入分配制度改革不断深化，打破传统经济体制下平均主义“大锅饭”体制，确立按劳分配为主体、多种分配方式并存的分配制度，实现了收入分配制度向适应社会主义市场经济体制的转变。实践证明，我国收入分配制度改革方向是正确的，极大地激发了全体人民的积极性、主动性和创造性，解放和发展了社会生产力，促进了经济持续快速发展，城乡居民收入不断增加，生活水平不断改善。没有收入分配制度的改革，就没有充满活力的社会主义市场经济，就没有蓬勃发展的中国特色社会主义事业。但是我们也要清醒看到，由于收入分配及相关领域体制改革还不到位，特别是经济社会发展进程中不断出现新情况新变化，收入分配领域逐渐积累了一些突出问题。

问题一：居民收入差距不断扩大

古语云，“不患寡而患不均”。经过改革开放 36 年的高速发展，中国居民收入大幅增长，整体上摆脱了“患寡”；但分配失衡、贫富差距拉大的问题也日益突出。在国际上，基尼系数是用来反映收入分配差异程度的一个综合指标。按国际标准，基尼系数小于 0.2 时，被认为收入过于平均，0.2～0.3 时较为平均，0.3～0.4 时比较合理，0.4～0.5 时差距过大，大于 0.5 时差距悬殊。0.4 一般被国际公认为收入差距的警戒线。根据国家统计局公布的数据，近十年来，我国居民收入差距持续不断扩大的态势尚未得到有效扭转，基尼系数长期突破警戒线。例如，全国居民收入基尼系数 2003 年是 0.479，2004 年是 0.473，2005 年是 0.485，2006 年是 0.487，2007 年是 0.484，2008 年是 0.491。然后逐步回落，2009 年是 0.490，2010 年是 0.481，2011 年是 0.477，2012 年是 0.474①，2013 年是 0.473②。

改革开放以来，我国城乡之间、不同地区之间、不同行业之间收入差距也比较大。城乡居民收入差距经历了从缩小到扩大的多次反复，总体上呈不断扩大的态势。进入 21 世纪后，城乡居民收入的相对差距和绝对差距开始加速扩大。目前，城乡居民收入差距处在历史最高水平。地区收入差距也不容乐观，2000 年的时候，西部地区的人均 GDP 和东部地区的人均 GDP 相比差 7 200 元钱，但是到 2012 年差了 26 000 元钱。2012 年人均 GDP 最低的省份是贵州省，人均 GDP 最高的省份是天津，贵州的人均 GDP 只相当于天津人均 GDP 的 19%。再看行业差距，国家统计局 2014 年 5 月 27

---

① 杨文彦：《国家统计局首次公布 2003 年至 2012 年中国基尼系数》，载人民网 http://politics.people.com.cn/n/2013/0118/c1001-20253603.html，2013 年 1 月 18 日。

② 张翼：《三问“基尼系数”：准不准　高不高》，载《光明日报》2014 年 1 月 21 日。

日发布 2013 年平均工资数据，人均年薪最高的三大行业——金融业（99 659元），信息传输、软件和信息技术服务业（90 926元），科学研究和技术服务业（76 603元），分别是全国平均水平的 1.94 倍、1.77 倍和 1.49 倍。人均年薪最低的农林牧渔业（仅25 820元）是全国平均水平的 50%，与“第一名”金融业相比，相差近 4 倍。岗位工资差距方面，单位负责人平均工资最高，是全部就业人员平均水平的 2.35 倍；商业、服务业人员平均工资最低，是全部就业人员平均水平的 86%。岗位平均工资最高与最低之比为 2.73。

问题二：国民收入分配格局中居民收入持续下降

自 2007 年起，中国成为世界第三大经济体国家。2010 年，中国 GDP 超过了日本，成为世界第二大经济强国。此外，中国的加工业年产值已经成为世界第一。如果中国可以按照目前经济增长速度水平发展，在不久的将来中国将成为世界第一大经济强国。然而，改革成果并没有完全实现全体国民共享，居民收入在国民总收入中的比重、劳动报酬在初次分配中的比重不断下降。2010 年全国总工会发布的调查显示，我国居民劳动报酬占 GDP 的比重，在 1983 年达到 56.5% 的峰值后，就持续下降，2005 年已经下降到 36.7%，22 年间下降了近 20 个百分点。而从 1978 年到 2005 年，与劳动报酬比重的持续下降形成鲜明对比的，是资本报酬占 GDP 的比重上升了 20 个百分点。全国总工会同年发布的一项调查显示，23.4% 的职工 5 年未增加工资；75.2% 的职工认为当前社会收入分配不公平，61% 的职工认为普通劳动者收入偏低是最大的不公平。根据国家统计局 2000—2010 年资金流量表数据，劳动报酬在初次分配中的比重由 53.3% 下降到 47.8%，在国民收入中，政府收入占比由 14.5% 提高到 18.0%，企业收入占比由 17.9% 提高到 21.6%，居民收入占比由 67.6% 下降到 60.4%①。从国际比较可以看出，随着经济发展水平的提高，劳动报酬份额不断增加，到了一定

① 谢伏瞻：《千方百计增加居民收入》，载《经济日报》2012 年 11 月 24 日。

阶段后趋于相对稳定。美国、加拿大、英国等一些发达国家的数据表明，在与我国现有产业结构相似时期，劳动者报酬占 GDP 比重都在迅速提高。

问题三：收入分配秩序不规范

在加快经济发展的同时，一些领域法律不健全、政策不规范、管理不严格，引致收入分配秩序不规范，隐性收入、非法收入问题大量存在。如20 世纪 80 年代价格双轨制下大批计划内物资被掌握行政权力的人转入市场体系高价销售，牟取暴利，形成一批“倒爷”和“官倒”。20 世纪 90 年代以后，行政垄断隐形化、市场化，行政资源直接以形式上规范的市场主体形式进入市场逐利，在自然资源开发、房地产开发、资本市场、国有企业改制等领域，通过内幕交易、操纵市场、商业贿赂等违法活动谋取非法利益等。其中，社会最不能容忍、影响最坏的是，由腐败等产生的非法收入、行政性垄断等产生的不合理收入引起的收入分配差距。

7.2.2　原因是什么？

对于收入分配领域的问题及其成因，我们要有清醒认识。作为一个发展中的大国，在由计划经济向社会主义市场经济转变过程中出现上述问题，一定程度上很难避免，也反映了我国发展的阶段性。

首先，我国收入分配问题产生有其深刻复杂的社会历史背景。我国区域之间自然条件不同，资源禀赋差异很大，客观上存在发展不平衡问题；我国城乡二元结构明显，在工业化、城镇化快速发展中，一定时期内城乡收入差距扩大有其客观必然性。还有，长期以来我国劳动力供大于求，资本、技术、管理等要素相对短缺，在市场机制作用下，容易形成这些要素收益挤占劳动报酬现象。再者，我国在国际分工中总体上处于产业链中低端，激烈的国际竞争也使提高劳动报酬面临较大压力等。这也是世界各国工业化、现代化初期经济快速发展过程中的普遍现象。

其次，收入分配领域的一些突出问题，很大程度上也是改革滞后、政策不完善造成的。这包括：(1) 经济领域改革滞后，市场机制不健全。比如资源价格形成机制不合理，一些资源性行业企业以低成本甚至无偿使用公共资源。再比如国有企业改革不到位，就业市场化和要素流动不充分。一些行业竞争不充分，一些企业依靠垄断获取超额利润。一些行业门槛过高，限制社会资本进入参与竞争，固化了行业收入差距扩大趋势。(2) 收入分配制度改革滞后，工资制度不完善。具体表现为：企业工资决定机制不健全，最低工资标准偏低，随意性大，强制性不够。机关事业单位工资制度改革滞后，还没有建立体现同地区同岗位同工同酬和不同地区不同岗位差异的工资决定及调整机制。(3) 再分配领域改革滞后，调节机制不完善。一方面，税制改革滞后，调节收入分配功能较弱。现行个人所得税难以充分发挥调节作用，调节居民财富的税制不健全，不能发挥对存量财产调节作用。另一方面，财政支出用于基本公共服务的比重偏低，均衡性转移支付比例较低。还有，社会保障体系不健全，城乡和不同社会群体之间的保障水平差别较大。我们要认识到，这些问题都不是改革和社会主义市场经济本身的问题，而是改革不到位和发展过程中的问题，因此必须用改革发展的办法去解决。

当前我国已经进入全面建成小康社会的决定性阶段，而收入分配严重失衡已是摆在我们面前的一个不争事实，必须下大力气解决。深化收入分配制度改革，是加快转变经济发展方式的迫切需要，是维护社会公平正义与和谐稳定的根本举措，是完善社会主义市场经济体制的重要内容，也是体现社会主义本质的必然要求。如果收入差距继续扩大，必将成为影响经济发展和社会稳定的重大隐患。

7.3 “被中高收入”后的隐患：陷入中等收入陷阱

7.3.1 什么是“中等收入陷阱”？

中国步入中等收入国家行列后，困扰众多发展中国家的“中等收入陷阱”问题也逐渐凸显。“中等收入陷阱”是2007年世界银行在《东亚经济发展报告》中首次提出，后来被广泛引用。“中等收入陷阱”是指当一个国家人均收入达到中等水平后，由于经济发展方式转变缓慢，持续增长动力不足，而出现经济增长回落或停滞，不能进一步向高收入国家迈进的现象。

所谓“中等收入陷阱”，是指当一个国家或地区经济发展到一定程度时，它所依赖的从人均低收入经济体转变为中等收入经济体的战略，不能继续指导它向高收入经济体攀升，由此导致经济增长回落或长期停滞，社会矛盾集中爆发。历史经验表明，许多国家能够快速达到中等收入水平，但很少有国家能够有效规避“中等收入陷阱”。按照世界银行 2008 年最新的收入分组，人均 GDP 从 900 美元到11 000美元左右的国家属于中等收入国家，其中，从 900 美元到 3 500美元左右的国家属于低的中等收入国家，从3 500美元到11 000美元左右的国家属于高的中等收入国家。很多国家在中等收入国家的两个阶段中艰难前行，甚至徘徊、反复。究其原因，是因为这些国家陷入各种陷阱之中，如南美的巴西、阿根廷、墨西哥、智利以及亚洲的马来西亚等，在 20 世纪 70 年代均进入中等收入国家行列，但直至今日仍徘徊在人均 GDP 3 000美元到5 000美元的发展阶段。

2003 年，我国人均 GDP 达到1 000美元，进入中等收入国家行列。2009 年，我国人均 GDP 超过3 700美元，顺利渡过低的中等收入国家阶段，进入更为艰难复杂的高的中等收入国家阶段。

7.3.2　中国陷入“中等收入陷阱”的可能性

目前，我国既有规避“中等收入陷阱”、继续发展的机遇，也有陷入“中等收入陷阱”、进入长期停滞和徘徊的调整风险。实际上，我国已出现“中等收入陷阱”的端倪，必须加以警惕。具体来说，我国面临四大陷阱。

1. 各种城市问题凸显

目前，伴随着工业化和城市化进程的加快，大量农民工进城务工，现约有 2 亿农民工。农民工人数虽众，且参与了工业化和城市化过程，但却不能享受工业化和城市化的发展成果，不能真正融入城市生活，而是游离于城乡之间，成为我国社会稳定的巨大隐患。

2. 金融风险与危机

对于市场经济体制已初步建立起来的中国而言，“中等收入陷阱”的另一个重要威胁是金融危机。一旦这样的金融危机发生，相当一部分外资会纷纷出逃，势必会冲击我国的国际收支，给我国经济带来很大的通货紧缩压力。资金倒流将会极大冲击国内的投资规模，从而在相当程度上影响我国经济增长率的提高。

3. 产业转移受阻

我国的比较优势产业主要是劳动密集型和资源密集型产业，但在进入中等收入水平后，由于劳动力成本提高和资源价格上涨，经济的进一步增长要求产业结构必须升级。实现产业结构升级既是我国面临的巨大挑战，又是我国现阶段面临的最大风险。如果能够实现技术进步或技术创新，我国就有可能顺利实现向高收入阶段过渡；否则，就有可能会陷入经济增长停滞乃至倒退的危险。

4. 易受国际经济波动的冲击

改革开放以来，我国经济与世界经济的联系越来越频繁和紧密。随着对外经济关系的扩展和加深，我国经济与世界经济的关系也变得越来越密不可分，相互影响广泛而深刻。目前，我国已成为世界第二贸易大国和世界第一出口大国。我国对外经济关系的这一状况，既加大了我国对外部经济的依赖，也孕育着不断增加的贸易摩擦。

7.3.3 中国跨越“中等收入陷阱”的保障

经过36年波澜壮阔的极不平凡的改革开放历程，我国经济获得了年均9%～10%的快速增长，我国2012年人均GDP已超过6 000美元，至2013年，我国GDP总量达到56.88万亿元，人均GDP超过6 700美元，迈入中等收入国家行列。按照世界银行的划分标准，已经步入中等偏上收入国家行列，实现了历史性跨越和突破。但是，2012年以来，我国GDP增长出现了较为明显的减速，投资、消费、出口以及工业生产等指标均出现增速减缓。这种增速减缓，既有国际经济环境波动等短期因素的影响，也有我国内部一些结构性、阶段性因素的影响，正是我国跨越“中等收入陷阱”

所面临的障碍。

从国际经济发展环境来看，国际金融危机的阴霾尚未完全消失，未来 5 年或更长时间，世界经济将在波动中低速增长。从近期看，有欧债危机、美国“财政悬崖”和新兴国家经济增速放缓，以及发达国家政府、家庭、银行和企业的去杠杆化能否平稳实现等问题。发达国家的市场需求增长放慢甚至萎缩，出口对东亚地区经济增长的拉动机制运转不灵了，国际经济发展环境整体来看不如此前十年。

从国内经济发展状况看，我国跨越“中等收入陷阱”面临的障碍包括：

1. 收入分配差距过大

改革开放 30 多年来，我国逐步确立了劳动、资本、技术、管理等生产要素参与收入分配的制度，逐步形成按劳分配为主体、多种分配方式并存的分配制度，我国居民收入总体上提高很快，但我国也变成世界上居民收入差距较大的国家之一。据国家统计局数据，2013 年我国农民增收实现了改革开放以来的首次“十年连快”，城乡居民收入比连续四年下降，由 2009 年的 3.33∶1 下降到了 3.03∶1，但绝对值的差距依然很大。行业收入差距不容忽视，最高的金融业年平均工资达99 659元，是全国平均工资的 1.94 倍。从某种意义上来说，我国现在已经进入到这个陷阱。我国基层系数早已跨过 0.4 的国际贫富差距警戒线，超过了 0.47。收入差距太大容易形成仇富和仇官心理，容易导致诸如社会动荡、社会不公平等社会问题和内需不足、增长乏力等经济问题。

2. 贫困阶层扩大影响城镇化进程

国际经验表明，一个国家从低收入到中等收入攀升的过程容易出现快速城市化的倾向。在这个过程中，如果相应的城市基础设施和就业机会不能同时跟进，就会出现大规模的贫民窟，影响城市的发展，进而妨碍城市应有功能的发挥，使经济增长失去一个重要动力。如前所述，我国现有的 2 亿农民工，由于他们的收入不能负担其在城市居住下来的成本，从而使他们很难真正成为城市居民。工业化与城镇化脱节，使我国的经济增长失去了又一个关键动力源。

3. 产业升级缺乏金融、技术和人才支撑

从中等收入国家向高收入国家转变的过程，一定会出现

大规模的产业转移。珠江三角洲、长江三角洲吸引了大量的外资，就是国际资本转移过来的结果。不难推测，我国也会有相当大规模的产业转移出去，如可能会转移到越南、柬埔寨、孟加拉国和印度等国。如果我国企业始终不能掌握核心技术，没有自己的品牌和销售渠道，难以迅速提升产业结构，那么，出口加工型产业就很难转移到内地，有可能转移到交通更为便利的其他国家，那么我国经济将会遭受双重打击：既不能在国际产业链分工中占据高端，又不能容纳大量的低技能就业人口。

4. 经济结构不成熟影响应对能力

我国经济发展的进程一直伴随着对外开放政策的实施，从而使我国经济发展受益于对外经济关系的扩展和深化。但由于我国经济结构的不成熟，对外贸易依存度高，很容易受到国际经济波动的影响，2008 年全球金融危机引起外需不足，出口大幅下降，很多主要依赖出口的企业更是陷入困境。以上原因，使中国在相当程度上将面临跌落“中等收入陷阱”的风险。

7.4　从“被中高收入”走向真正高收入

跨越“中等收入陷阱”，需要全面深化改革，跨越“制度体制陷阱”；依靠人力资本投资和产业结构升级，跨越“技术创新陷阱”；缩小社会差距，跨越“社会危机陷阱”；提升外向型经济发展水平，跨越“国际收支失衡陷阱”；加快生态文明制度建设，积极发挥财税金融工具的作用，促进跨越“生态陷阱”。这其中应对“社会危机陷阱”是重中之重。有关调查发现，陷入中等收入陷阱国家普遍具有 10 个方面的特征。除了经济增长回落或停滞、金融体系脆弱两个特征，其余 8 个特征包括民主乱象、贫富分化、腐败多发、过度城市化、社会公共服务短缺、就业困难、社会动荡、信仰缺失等，这些都是社会危机方面①。许多陷入中等收入陷阱的国家，当进入中等收入发展阶段后，由于收入差距迅速

① 叶帆、张垚：《跨越中等收入陷阱》，载《人民日报》2013 年 6 月 9 日。

扩大导致中低收入居民消费严重不足，消费需求对经济增长的拉动作用减弱，造成经济停滞不前。同时，收入差距扩大导致社会问题丛生、社会矛盾激化，甚至出现社会动乱，成为严重拖累经济增长的重要原因。应当看到，我国仍处在进入中等收入发展阶段后的矛盾凸显期和风险高发期，要特别重视居民收入差距问题，扭转居民收入差距扩大趋势，从“被中高收入”走向真正高收入，是跨越“中等收入陷阱”的有力武器。因此，从“被高收入”走向真正高收入，重点在于深化收入分配制度改革，千方百计增加居民收入。

7.4.1　“收入倍增计划”

党的十八大报告提出了全面建成小康社会的新目标，其中的一大亮点是，提出到 2020 年实现国内生产总值和城乡居民人均收入比 2010 年翻一番的具体目标，首次将城乡居民人均收入指标纳入全面建成小康社会的奋斗目标。

实际上，改革开放以来在党的全国代表大会或中央委员会全会上，作为经济发展的量化奋斗目标，曾多次提出过翻番任务，此次是第八次。第一次，1982 年党的十二大报告提出，从 1981 年到 2000 年，力争使全国工农业的年总产值翻两番；第二次，1985 年党的全国代表会议通过的“七五”计划《建议》提出，使 1990 年的工农业总产值和国民生产总值比 1980 年翻一番或者更多一些；第三次，1987 年，党的十三大报告提出到 20 世纪 80 年代末实现国民生产总值比 1980 年翻一番，到 20 世纪末，国民生产总值再翻一番；1995 年党的十四届五中全会通过的“九五”计划和 2010 年远景目标的《建议》提出，到 2000 年实现人均国民生产总值比 1980 年翻两番，到 2010 年实现国民生产总值比 2000 年翻一番；第五次，1997 年党的十五大提出在 21 世纪的头十年实现国民生产总值比 2000 年翻一番；第六次，2002 年党的十六大提出，国内生产总值到 2020 年比 2000 年翻两番；第七次，2007 年党的十七大提出，实现人均国内生产总值到 2020 年比 2000 年翻两番。前七次的翻番目标，分别用的是工农业总产值、国民生产总值、人均国民生产总值、国内生产总值和人均国内生产总值等反映一个国家生产活动总成果的指标，是经济发展本身的指标。

党的十八大报告把国内生产总值和城乡居民人均收入的双翻番，作为我国全面建成小康社会的新目标，具有重要的含义：既能反映我国生产活动总成果的发展变化，也能反映居民收入分配状况的发展变化；既包含了经济发展本身的要求，也包含了社会发展的新要求；既体现了以经济建设为中心的要义，又体现了转变经济发展方式、发展成果由人民共享的科学发展精神。①

党的十八大报告提及的到2020年实现国内生产总值和城乡居民人均收入比2010年翻一番的目标，被社会冠名以中国版的“收入倍增计划”，受到热议。我们必须明确的是：

第一，“收入倍增计划”中的“倍增”是实质性的增长，即“翻番”是按不变价格说的，也就是通常所说的剔除价格因素后的实际增长。“收入倍增”不意味着每个人都能翻一番。应该是低收入者收入增长得更多一些，中等收入者平均增长，高收入者慢一些。也就是我们常说的“提低”、“扩中”和“调高”。“收入倍增”隐含着居民收入占GDP的比重将有所提高。经过努力实现“收入倍增计划”后，国家更强、人民更富。

第二，十八大报告在提及国民收入倍增目标时，特别强调国民收入倍增是建立在“转变经济发展方式取得重大进展，在发展平衡性、协调性、可持续性明显增强的基础上”的，迥异于历史上日本的“国民收入倍增计划”。中国版的“收入倍增计划”，是一个涵盖经济发展方式转变、经济结构战略性调整的综合性的一揽子计划，而不是一个简单的居民收入翻番的计划，也不是一个简单的经济增长指标，其实质是，通过提升经济增长的质量、调整收入分配格局和产业格局的变化，实现“包容式增长”，促进共同富裕目标的实现。

7.4.2 实现收入倍增的途径

实现这一目标，必须一方面坚持以经济建设为中心，推

① 刘树成：《实现居民人均收入翻番的难度与对策分析》，载《宏观经济研究》2013年第3期。

动经济持续健康发展，不断增加社会财富；另一方面坚持走共同富裕的道路，进一步完善按劳分配为主体、多种分配方式并存的分配制度，以千方百计增加居民收入为重点，合理调整收入分配关系，解决好收入分配差距较大问题。只有双管齐下，才能最终实现这个目标。

1. 扭转“被中高收入”局面：深化收入分配制度改革

第一，合理调整收入分配格局。要切实扭转居民收入在国民总收入中的比重、劳动报酬在初次分配中的比重下降趋势，合理调整国民收入分配格局。努力实现居民收入增长和经济发展同步，劳动报酬增长和劳动生产率提高同步，提高居民收入在国民收入分配中的比重，提高劳动报酬在初次分配中的比重。初次分配和再分配都要兼顾效率和公平，再分配更加注重公平。建立公共资源出让收益合理共享机制。建立健全公共资源有偿使用制度和公平、公正、公开的出让机制。完善国有资本收益分享机制，建立健全覆盖全部国有企业、国有资本经营预算和收益分享制度，合理分配和使用国有资本收益。扩大国有资本收益上缴范围，提高上缴比例。建立健全公共资源和国有资本收益主要用于公共支出的机制，重点用于保障和改善民生。

第二，完善劳动、资本、技术、管理等要素按贡献参与分配的初次分配机制。处理好按劳分配为主体与资本、技术、管理等生产要素按贡献参与分配的关系。要加大劳动报酬保护力度，以体现按劳分配在基本分配制度中的主体地位。加快改革完善工资制度，缓解初次分配领域不公平的问题。建立规范的最低工资制度，有效保证普通劳动者工资收入随国民经济、社会平均工资同步增长，随着物价水平变动及时调整。深化企业和机关事业单位工资制度改革，推行企业工资集体协商制度，形成反映劳动力市场供求关系和企业经济效益的工资决定机制和正常增长机制。完善资本、技术、管理等生产要素按贡献参与分配机制。进一步促进生产要素市场化改革，打破垄断和条块分割，推动生产要素自由流动。建立规范的要素市场，更好发挥市场在要素价格形成中的基础性作用，形成主要由市场决定要素价格的机制。加强知识产权保护，保障技术成果在收入分配中的应得份额。

健全相关制度和政策措施，防止资本、管理等要素超额分配，防止非市场因素参与分配。

第三，加快健全以税收、社会保障、转移支付为主要手段的再分配调节机制。健全的再分配调节机制，对于调节收入分配关系，缩小城乡、区域和社会成员之间收入差距，促进收入分配公平具有重要作用。一是加大对城乡贫困人口的转移支付力度。调整财政支出结构，集中更多财力用于保障和改善城乡贫困群众的基本生活，大力促进城乡基本公共服务均等化。大幅增加对“三农”的转移性支出，提高农村居民收入。大幅度增加扶贫开发投入，对不具备生存和致富条件的地区，加大移民扶贫力度。二是进一步深化税制改革。逐步提高直接税在税收中的比重。改革个人所得税制，研究推进综合和分类相结合的个人所得税制度，切实减轻中低收入者纳税负担，有效调节过高收入。建立健全调节存量财富的税收制度。三是加快健全社会保障体系。按照全覆盖、保基本、多层次、可持续的要求，加快推进覆盖城乡居民的社会保障体系建设。完善最低生活保障制度，保障好城乡贫困人口的基本生活。健全覆盖城乡居民的基本养老、基本医疗保险制度，保障全体人民老有所养、病有所医。促进慈善事业发展，发挥慈善事业在调节收入分配和作为社会保障制度重要补充的作用。

第四，规范收入分配秩序。加强收入分配领域的法制建设，建立公正合理的收入分配秩序，切实保护合法收入、增加低收入者收入、调节过高收入、取缔非法收入。一是健全工资保障机制。针对容易发生拖欠的行业企业，完善工资保证金制度，建立健全打击恶意欠薪制度。完善劳动争议处理机制，加大劳动保障监察执法力度，切实维护劳动者权益。二是规范机关事业单位和国有企业工资外收入、非货币福利。完善部门预算制度和国库集中收付制度，在各级机关及直属事业单位全面推行公务卡支付结算。加强事业单位创收管理，严格控制国有及国有控股企业高管人员职务消费。加强监督检查，严肃查处违规违纪行为。三是加大廉政建设和反腐败工作力度。严格执行领导干部收入、房产、投资、配偶子女从业等情况定期报告制度。探索实施领导干部报告个人有关事项在一定范围内公开制度。严厉打击非法收入。加强国企改制、矿产资源开发、土地出让、工程建设、资本市场等重点领域的监督管理，深入治理商业贿赂；依法严肃查处以权谋私、权钱交易、行贿受贿、操纵股市、内幕交易、偷税漏税、走私贩私等违纪违法行为。

2. 走向真正高收入：千方百计增加居民收入

第一，夯实收入增长基础。经济持续健康发展，是实现收入翻番的基本前提。十八大报告提出“以经济建设为中心是兴国之要，发展仍是解决我国所有问题的关键”。这个论断，对实现收入翻番有着重要的指导意义。千方百计把经济搞上去，收入翻番才具有坚实的物质支撑。当前和今后一段时间，我们一方面要加快转变经济发展方式，积极推进经济结构的战略性调整，另一方面也要防止经济增速大幅度下滑，造成过多的人因为失去工作而缺乏收入来源。把稳增长、调结构、控通胀有机结合起来，既是我国宏观调控的必要手段和措施，也是保障居民收入翻番的一项基本要求。

第二，开拓收入增长渠道。要进一步深化改革、加强立法、完善制度，有效保护居民的合法财产和财产收益。一是适度扩大存贷款利率浮动范围，逐步缩小存贷款利差，保护存款人权益。加强上市公司监管，明确和落实分红制度，持续回报股东。支持社会保险基金积极稳妥地进入资本市场，并将投资收益划入统筹基金和个人账户，实现保值增值。二是在加强市场监管和风险防范基础上，拓宽居民投资渠道。鼓励商业银行等金融机构研发大众化理财产品，丰富债券基金、货币基金等基金产品。发挥机构投资者专业理财的优势和作用。促进创业投资规范发展。鼓励居民金融资产投向实体经济，支持有条件的企业实施员工持股计划。三是依法保障农民对承包土地占有、使用、收益等权利。按照依法自愿有偿原则，允许农民以转包、出租、互换、转让、股份合作等形式流转土地承包经营权，确保农民分享土地承包经营权流转收益。改革征地制度，缩小征地范围，提高征地补偿标准，逐步实现农村集体建设用地与国有建设用地同权同价。四是鼓励有条件的地方推进农村集体经济组织产权制度改革。积极发展农村土地股份合作以及社区合作、专业合作等合作形式，鼓励农户利用土地承包经营权、农用设备、技术、资金等入股，拓宽农民租金、股息、红利等财产性收入渠道。

收入分配关系国计民生，一头连着老百姓的衣食住行，一头牵动经济发展和社会和谐。因此，深化收入分配制度改革，实现居民收入倍增，是事关百姓福祉和我国改革发展稳定大局的头等大事。只有彻底解决好这些问题，才能跨越“中等收入陷阱”，真正实现共同富裕，从“被高收入”走向真正高收入。

第8章　深化经济体制改革与健全现代市场体系

党的十八大报告指出，要全面深化经济体制改革。党的十八届三中全会进一步指出，经济体制改革是全面深化改革的重点，核心问题是处理好政府和市场的关系，使市场在资源配置中起决定性作用和更好发挥政府作用；建设统一开放、竞争有序的市场体系，是使市场在资源配置中起决定性作用的基础。

8.1　中国经济体制改革的必然选择：实行社会主义市场经济

在我国史无前例的经济体制改革中，我们既没有走封闭僵化的老路，也没有走改旗易帜的邪路，而是创造性地在社会主义条件下发展市场经济，这是我们党准确把握中国社会基本国情和历史阶段、总结国内国际正反两方面经验作出的英明决策。

8.1.1　实行社会主义市场经济是社会主义本质和党的宗旨的必然要求

邓小平指出，社会主义的本质是解放生产力，发展生产力，消灭剥削，消除两极分化，最终达到共同富裕。我们党的宗旨是全心全意为人民服务。高度的计划经济体制曾经在我国经济建设中发挥过不可替代的作用，随着实践的发展，我国原有的计划经济体制越来越不适应生产力发展的要求，严重束缚了经济发展的活力。唯有进行经济体制改革，才能进一步解放和发展生产力，不断满足人民群众过上更美好生活的新期待。面对这样一个重大历史课题，中国共产党人坚持解放思想、实事求是，抛弃对社会主义教条式的理解，实现理论突破和创新，创造性地把社会主义基本制度与市场经济有机结合起来，实行社会主义市场经济，创造了中国经济奇迹。

8.1.2　实行社会主义市场经济是由我国社会主义初级阶段的基本国情决定的

我国是一个发展中的社会主义大国，既不能照抄其他国家建设社会主义的模式，也不能硬搬西方资本主义国家发展模式，必须走适合自己国情的发展道路。我国处于并将长期处于社会主义初级阶段，也就是不发达的阶段。具体来讲，中国人口多，底子薄，人均资源少，社会生产力水平比较低，特别是，经济发展极不平衡，城乡二元经济结构明显，东部沿海与西部地区发展差距较大。如果没有农村的现代化，没有西部地区的现代化，就没有全国的现代化。要在这样一个国家实现现代化，必须依靠社会主义国家的制度优势、政治优势，必须依靠强有力的宏观调控。在这一点，我们始终保持清醒的判断和认识，保证了社会主义现代化建设的大船沿着正确航向和目标前行。

8.1.3　发展社会主义市场经济是对其他国家经济社会发展经验教训的吸收与借鉴

以市场为取向的经济体制改革，对我国而言是一项全新的复杂的艰巨的任务，必须善于借鉴吸收世界上其他国家的经验教训。改革开放以来，党和政府一直十分注重吸收借鉴国外创造的优秀文明成果。1984 年十二届三中全会通过的《中共中央关于经济体制改革的决定》指出，为了从根本上改变束缚生产力发展的经济体制，必须认真总结我国的历史经验，认真研究我国经济的实际状况和发展要求，同时必须吸收和借鉴当今世界各国包括资本主义发达国家的一切反映现代社会化生产规律的先进经营管理方法；1993 年十四届三中全会再次强调要借鉴世界各国包括资本主义发达国家一切反映社会化生产和市场经济一般规律的经验，指出建立现代企业制度是发展社会化大生产和市场经济的必然要求；1997 年十五大指出，股份制是现代企业的一种资本组织形式，资本主义可以用，社会主义也可以用。

党和政府主要深刻总结了三类国家或地区的经验教训：

一是对经济发达国家实行市场经济经验的批判性借鉴吸收。与其他经济体制相比，市场经济体制能够使经济资源得到积极有效合理的配置和调动，能够激发经济主体的主动性、积极性，能够促进社会创新和技术进步，市场经济几百年的历史创造和积累了大量物质财富。一些新兴市场国家也通过市场化改革和经济开放实现了经济腾飞。历史和现实有力地证明，市场经济是人类经济社会发展不可逾越的一个历史阶段，是迄今为止人类社会发展阶段配置经济资源的最有效率的方式和发展社会生产力的最佳方式，成熟市场经济国家发展市场经济的经验完全可以为我所用。二是对苏联东欧国家实行高度集中的计划经济体制教训的借鉴。苏联东欧国家由于实行违背经济规律、高度集中的僵化的计划经济体制，导致了生产力受到束缚，经济发展迟滞，人民生活长期得不到改善。这是造成苏共倒台、苏联解体的重要原因，其惨痛深刻的教训，应成为我们的前车之鉴。三是对发展中国家未能跨越“中等收入陷阱”教训的借鉴。在战后亚洲、拉美国家的经济发展实践中，仅有少数国家成功突破“中等收入陷阱”，而大多数国家陷入经济发展停滞、贫富差距拉大、社会问题集中爆发的怪圈中无法自拔。发展中国家未能跨越“中等收入陷阱”的教训告诫我们，不能一味追求所谓西方式民主和自由主义市场经济，必须发挥社会主义国家的作用和制度优越性。①

8.2　市场对资源配置作用的提升：从基础性作用到决定性作用

8.2.1　社会主义市场经济体制的建立：市场配置资源的基础性作用

中华人民共和国成立后，我国在很长一段时期内实行计划经济体制。随着实践的发展，计划经济体制的弊端越来越明显，越来越不适应生产力发展的要求，改革势在必行。

---

① 曾培炎：《实行社会主义市场经济是我国经济体制改革的必然选择》，载《求是》2013 年第 20 期。

1978 年，我们党作出了把工作重心转移到经济建设上来的历史性抉择，坚决果断地实行改革开放。此后，我国经济体制改革的指导思想，经历了“计划经济为主、市场调节为辅”、“国家调节市场，市场引导企业”、“逐步建立计划经济同市场调节相结合的经济运行机制”等阶段，市场取向的改革日益得到明确。1992 年初，邓小平同志在南方讲话中指出：计划多一点还是市场多一点，不是社会主义与资本主义的本质区别。计划经济不等于社会主义，市场经济不等于资本主义，计划和市场都是经济手段。这一重要论述，解除了人们对市场经济的种种疑虑。此后不久，党的十四大明确将建立社会主义市场经济体制作为我国经济体制改革的目标。

1992 年，党的十四大报告提出：“我们要建立的社会主义市场经济体制，就是要使市场在社会主义国家宏观调控下对资源配置起基础性作用。”① 这一表述虽然提出了市场对资源配置起基础性作用，但也强调了社会主义国家宏观调控的前提条件。1993 年，党的十四届三中全会明确了建立社会主义市场经济体制的基本框架，审议通过的《中共中央关于建立社会主义市场经济体制若干问题的决定》提出“建立社会主义市场经济体制，就是要使市场在国家宏观调控下对资源配置起基础性作用。”② 这一表述看起来与十四大报告的表述相似，但仔细看就会发现，在“国家”前面去掉了“社会主义”四个字。这虽然是一个小小的改动，却表明我们党已经认识到，在市场经济条件下要不要有国家宏观调控，与社会制度没有太大关系。社会主义市场经济要有宏观调控，资本主义市场经济也要有宏观调控。到了 2003 年，党的十六届三中全会对进一步完善社会主义市场经济体制提出了明确的目标和任务，审议通过的《中共中央关于完善社会主义市场经济体制若干问题的决定》中提出：“按照统筹城乡发展、统筹区域发展、统筹经济社会发展、统筹人与自然和谐发展、统筹国内发展和对外开放的要求，更大程度地

---

① 中共中央文献研究室：《十四大以来重要文献选编》上，人民出版社 1996 年版，第 19 页。

② 中共中央文献研究室：《十四大以来重要文献选编》上，人民出版社 1996 年版，第 544 页。

发挥市场在资源配置中的基础性作用”。① 这一表述进一步提出“更大程度地发挥”，但仍然有“五个统筹”的前提要求，而所谓统筹一般都是要由政府来做的。2007年，十七大提出了在完善社会主义市场经济体制方面要取得重大进展的要求，从制度上更好发挥市场在资源配置中的基础性作用，形成有利于科学发展的宏观调控体系。2013年，党的十八大报告提出：“经济体制改革的核心问题是处理好政府和市场的关系。”② 并提出要“更大程度更广范围发挥市场在资源配置中的基础性作用”。③ 在这一表述中，不但提出了“两个更大”即“更大程度”和“更大范围”，而且没有再提“在国家宏观调控下”和“五个统筹”的前提。显然，这对市场配置资源的基础性作用的认识又大大前进了一步。

自20世纪90年代初以来，我国以市场为导向的经济体制改革业已取得了巨大成就，市场在资源配置中已发挥基础性作用，现已基本建立起以市场形成价格为主的价格形成机制，在全部消费品和绝大部分生产资料生产中取消了指令性计划，95%以上的商品和服务的价格由市场决定。社会主义市场经济体制的建立和完善，是调动人们工作和创新的积极性、释放经济发展潜力、成就经济增长奇迹的根本原因。30多年来，国民经济保持了高速增长，经济总量跃升到世界第二位，创造了世界经济史上的奇迹；人均GDP超过6 000美元，进入中等收入国家；综合国力大幅跃升，国际地位和影响力显著提高。

---

①　中共中央文献研究室：《十六大以来重要文献选编》中，中央文献出版社2006年版，第1065页。

②　胡锦涛：《坚定不移沿着中国特色社会主义道路前进为全面建成小康社会而奋斗——在中国共产党第十八次全国代表大会上的报告》，人民出版社2012年版，第20页。

③　胡锦涛：《坚定不移沿着中国特色社会主义道路前进为全面建成小康社会而奋斗——在中国共产党第十八次全国代表大会上的报告》，人民出版社2012年版，第18页。

8.2.2 社会主义市场经济体制改革的深化：市场配置资源的决定性作用

党的十八届三中全会通过的《中共中央关于全面深化改革若干重大问题的决定》指出，经济体制改革是全面深化改革的重点，核心问题是处理好政府和市场的关系，使市场在资源配置中起决定性作用和更好发挥政府作用。这一表述不仅明确了未来全面深化改革的重点，而且对市场的地位和作用作了新的定位，是市场与政府关系认识上的又一次重大理论突破。

强调市场资源配置的决定性作用，遵循了市场经济的一般规律。众所周知，在人类社会的经济活动中，相对于人们的需求而言，资源总是表现出相对的稀缺性，从而要求人们对有限的、相对稀缺的社会资源进行合理配置，以最少的资源耗费生产出最多的符合社会需要的产品和劳务。在现代市场经济条件下，资源配置主要采取政府和市场两种方式。所谓政府配置方式，是指由政府制定国民经济发展计划，通过层层行政审批甚至行政命令来统管资源和分配资源。其优点是：在一定条件下，它有可能从整体上协调经济发展，集中力量办大事；其缺点是：审批排斥选择，统管排斥竞争，容易出现资源闲置或浪费、经济僵滞的现象。在经济结构简单、人们需求单一的条件下，政府配置资源有其简便和直接的功效，一旦出现经济结构、产业结构、产品结构的复杂化和人们需求的多样化，以政府行政审批配置资源的方式，就很难把握瞬息万变的市场需求，就越来越不利于资源的优化配置了，必须采取市场配置的方式。

市场决定资源配置，能够最大程度地提高资源配置效率。市场配置资源是通过市场机制的作用能动地实现的。市场机制是指市场各主要因素，即市场供求、价格、竞争之间相互联系、相互制约、相互作用的过程和机理。市场供求指的是能够提供给市场的商品及劳务和人们对商品及劳务的有支付能力的需求两个方面，是市场的基本要素。供求双方既相互对立又相互依赖：供给者拿的是商品，目的是换取货币；需求者拿的是货币，目的是换取商品。供求关系实质上是商品和货币的换位运动。商品和货币能否实现换位，关键在于价格是否合理。市场价格是商品价值的货币表现，是市场供求关系的综合反映。供求变化在市场上引起价格的升降，价格的波动又会引起供求的变化。供求关系实际上就是竞争关系。市场竞争是市场供求双方围绕商品质量和价格等方面进行的经济较量。在发达的市场经济中，竞争渗透在生产和流通的各个环节，涉及生产的各种要素。只有竞争，才能使价格随供求的变化而波动；只有竞争，才能使价值规律得以贯彻；只有竞争，才能使经济充满活力。所以，竞争是市场机制的灵魂。市场机制配置资源的作用正是在供求、价格和竞争三大要素的相互依赖、相互作用的过程中实现的。市场主体的内部动力和竞争压力形成一种客观的强制，迫使他们去改进技术，改善经营管理，节约社会资源或劳动消耗，在优胜劣汰中促进资源不断优化配置，技术不断进步，生产力不断提高。①

8.2.3　发挥市场配置资源的决定性作用的关键是处理好政府与市场的关系

社会经济体制改革，完善社会主义市场经济体制，必须尊重市场运行的基本规律——价值规律，要重新厘清政府与市场的边界，制定和完善相应的法律法规，严格区分“两只手”的作用及其范围，特别是防止政府职能的“越位”和“错位”，使之更好地发挥作用。同时，扩大市场作用的范围，加强市场作用的力度、强度，使之真正在配置资源中起决定性作用。

1. 学会运用市场与政府作用的“辩证法”

理论和实践证明，政府与市场是现代市场经济体系中的两个重要手段，各有长处但功能不同。政府这只“看得见”的手和市场这只“看不见”的手，都能对资源配置产生作用，但资源配置和利益调节的机理、手段、方式不同。在应对经济运行的矛盾机理上，政府与市场就是一对对立统一的

---

① 王天义：《发挥市场在资源配置中的决定性作用》，载《学习时报》2013 年 11 月 18 日。

矛盾体。市场方式主要是通过供求、价格、竞争等机制功能配置资源，调节利益关系，市场主体自主决策、自主经营和自担风险。政府方式则主要根据全局和公益性需求，依靠行政权力和体制，从宏观层次和全局发展上配置重要资源，促进经济总量平衡，协调重大结构和优化生产力布局，提供非竞争性的公共产品和公共服务，保障公共安全，加强社会建设和环境保护，维护市场和社会秩序，促进社会公平正义，逐步实现共同富裕，弥补市场缺陷和失灵。正是因为信息的不完全性、利益主体的多元性，既要尊重市场决定资源配置这个市场经济的一般规律，又要充分发挥政府能够从社会整体利益和长远利益出发来引导市场和社会经济发展方向、调节经济利益关系上的积极有效作用。二者作用是相互依托、相互弥补、不可割裂的。①

强调市场在配置资源中起决定性作用，不等于市场是万能的。市场本身也有缺陷和作用失灵之处，需要借助政府这只“看得见的手”，弥补市场配置资源在某些方面的失效。例如，在垄断性行业中的网络性自然垄断环节，由政府配置资源一般比由市场配置会好得多；在提供公共产品和公益性产品、社会保障产品方面，由政府去做也要比市场更具有优越性和有效性。同时，在我国现阶段经济体制转轨过程中，价格形成具有其特殊性，尤其是价格形成的市场环境、市场运行的规则、市场主体的完善、成熟等方面都存在许多缺失的情况下，完全依靠市场的力量去实现价格形成，难以做到科学、合理，这就需要政府出面解决。政府通过制定相关的法律法规，规范市场规则，建立和完善市场征信制度，做好对市场的服务和监管工作，为市场发挥决定性作用提供市场运行、公平竞争的法治环境。以“看得见的手”代替“看不见的手”，又会导致对自然资源和要素价格的扭曲和低估，结果是资源使用效益低下，浪费现象相当严重。可见，提高资源的使用效益，必须改变资源配置过程中的市场和政府的“双失灵”，实行政府定价机制与市场竞争机制相互结合，既

---

① 祁石:《“两只手”的辩证法》,载《中国青年报》2014 年 6 月 9 日。

要坚持市场取向，又要加强政府监管。①

党的十八届三中全会辩证地处理了市场与政府的作用与功能，明确界定了政府的职责范围：宏观调控、市场监管、公共服务、社会管理、保护环境。具体包括：保持经济总量平衡、重大经济结构的协调、优化生产力布局；定价范围限定在重要公用事业、公益性服务、网络型自然垄断环节，而且要接受社会监督；最大限度减少中央对微观事务的管理，市场机制能够有效发挥作用的经济活动一律取消审批；投资审批只涉及关系国家的重大生产力布局、战略性资源的开发及重大公共利益等项目。正是基于此，需要通过改革，纠正政府在管理公共部门、公益经济上的"越位"和"错位"，加快政府审批改革和落实的步伐，主动从竞争性的经济活动中退出，解除对竞争性商品价格的管制或干预；短期内不能完全依靠市场竞争，仍需由政府定价的商品和服务，其价格形成和制定也要反映市场供求、资源稀缺程度、环境损害成本和修复效益，进行合理定价，提高定价的透明度，接受社会的监督。

2. 加快转变政府职能

如何让市场的决定性作用落到实处，关键不在于市场化改革本身，而在于与市场化改革相适应的国家治理体制改革。② 在市场对资源配置起决定性作用的基础上更好发挥政府在资源配置中的作用，加快转变政府职能是完善社会主义市场经济体制的内在要求。转轨国家的政府与市场关系，远不像成熟市场经济国家那样基本"定型"，而是一个市场关系逐步发展与政府职能转变的互动过程。我国下一步转变政府职能的关键在于处理好以下几个关系：

一是要处理好简政放权与加强管理和服务的关系。简政放权与加强管理和服务是转变政府职能的两个方面。简政放权，目的是使市场在资源配置中起决定性作用，激发市场主

---

① 温桂芳：《基础性到决定性：一场极其深刻的变革》，载《价格理论与实践》2013 年第 11 期。

② 何艳玲：《国家善治为市场化改革保驾护航》，载《中国社会科学报》2014 年 1 月 24 日。

体的创造活力；加强管理和服务，目的是更好发挥政府作用，把政府工作的重点转到创造良好发展环境、提供优质公共服务、维护社会公平正义上来。简政放权、深化行政审批制度，是本轮行政体制改革与转变政府职能中的突破口和抓手。为打破各种影响公平准入和公平竞争的“玻璃门”、“弹簧门”、“旋转门”，保证各类市场主体权利平等、机会平等、规则平等，必须做好“放权”、“削权”、“分权”、“限权”、“监权”和防止“侵权”。发挥市场在资源配置中的决定性作用，需要彻底转变观念，以负面清单为主加快向市场放权，实行市场主体“非禁即准”运行机制，各类市场主体可依法平等进入清单之外领域，由此实现行政体制改革质的突破。本届政府截至 2013 年 12 月总共取消下放了 221 项行政审批项目，113 项评比、达标以及收费事项等，总计 334 项，全国各类企业登记数比去年同期增长 25%，其中民营个体企业增长 37%，带动了民间投资以 23% 左右的速度增长，这是前所未有的收获。

二是要处理好不同层级政府间的关系，发挥各个层面的积极性。我国是单一制国家，实行中央统一领导、地方分级管理的体制。我国又是一个大国，各地情况千差万别，发展很不平衡；经济社会发展到现阶段，人民群众的需求越来越多、层次也不一样，政府服务事项也越来越多、越来越复杂。转变政府职能，需要整体构思、通盘考虑、上下贯通。既维护中央的权威、上级的政令，也发挥地方、基层的积极性；既防止一统就死，也防止一放就乱；既坚持上下一盘棋，又充分考虑地区差异，注重区别对待、分类指导，为各地因地制宜留出合理空间。

三是要处理好合理赋权与有效制衡的关系，强化权力运行制约和监督体系。权力配置是否科学、运转是否协调、监督是否有效，是判断一个国家和地区政治文明发展水平的重要标志。《中共中央关于全面深化改革若干重大问题的决定》指出，“必须构建决策科学、执行坚决、监督有力的权力运行体系”，“形成科学有效的权力制约和协调机制”。实现这一目标，关键在于深入把握权力运行基本规律，以科学的制度设计为支撑，在行政审批目录的基础上，逐步向“权力清单”和“负面清单”管理迈进。对保留的审批事项，各部门一律以清单方式向社会公开，目录之外一律禁止审批，切实解决“权力无边”的问题，实现“法无授权，政府和部门不可为”。①

四是要处理好直接管理与间接管理的关系，创新行政管理和服务方式。党的十八届三中全会通过的《决定》明确提出，要推进国家治理体系和治理能力现代化。具体到政府工作中，就是推进行政管理和服务能力水平、方式手段的现代化，实现从管制型政府向服务型政府的转变。行政管理和服务方式变革的方向，是从权力导向向规则导向转变，从政府本位向社会本位转变，从注重权威管制向注重柔性疏导转变。健全宏观调控体系，着重运用经济、法律手段进行调节，辅之以必要的行政手段，通过各种手段的协同配合，不断增强宏观调控的预见性、科学性和有效性。推进社会共同治理，鼓励和支持各方面共同参与社会治理，实现政府治理和社会自我调节、居民自治良性互动。推广政府购买公共服务，将适合市场化方式提供的公共服务事项，“通过合同、委托等方式向社会购买”。②

8.3 市场配置资源决定性作用的基础：建设统一开放、竞争有序的市场体系

要想使市场机制在资源配置中起“决定性作用”，就必须要有一个完善的现代市场体系，否则就会出现“市场失灵”和“资源误配”。

8.3.1 中国市场体系的形成与发展

党的十四届三中全会制定社会主义市场经济体制的总体规划时提出建立全国统一开放的市场体系，以实现城乡市场

① 薄贵利：《加快转变政府职能》，载《人民日报》2014 年 5 月 21 日。

② 蒋定之：《加快转变政府职能需处理好六个关系》，载《人民日报》2014 年 5 月 19 日。

紧密结合，国内市场与国际市场相互衔接，促进实现资源优化配置的目标。我国市场体系建设大体上经历了从农村到城市，从普通商品市场建设为主到要素市场建设为主，从完善价格形成机制的价格改革到完善产权制度建设的所有制改革，从开发区试点到全国逐步推开，从招商引资到加入WTO广泛采用国际规则的对外开放，从要求市场发挥“辅助作用”到发挥“基础性作用”再到发挥“决定性作用”的演变过程。我国市场化深度和广度不断增强。但全国统一的市场体系建设滞后，影响着我国市场活力的释放和整体经济实力的提高。

首先，我国的各类市场还没有完全统一起来，市场分割和碎片化现象明显。以土地市场为例，我们还没有建立起城乡统一的建设用地市场，农民和集体经济组织的公平交易权和自主选择权受到限制，土地资源配置失误和低效率利用现象大量存在，农民的利益也没有得到充分有效的保障；其次，由市场决定价格的机制还不完全和完善，行政干预价格形成的现象大量存在。消费品等一般性商品的价格已基本由市场机制决定，但生产要素价格以及自然资源价格仍不是完全由市场决定，不能完全反映其真实价值和稀缺性，从而导致使用上浪费，阻碍了经济发展方式的根本性转变；第三，市场壁垒大量存在，商品，特别是生产要素还不能充分自由的流动，投资自由和消费选择的自由受到限制。市场在资源配置中的决定性作用，对“建设统一开放、竞争有序的市场体系”提出了更高要求。

8.3.2 现代市场体系的构成与特征

所谓市场体系，是指各类市场在相互联系、相互作用过程中形成的市场有机整体。市场体系不是由单一的市场组成的，而是包括各类市场的统一整体，它不仅包括商品市场，而且包括生产要素市场。我国商品市场的改革起步较早，经过三十多年的改革开放的历程，已形成了较为健全的商品市场，绝大部分商品价格已放开，由市场自主调节。少数产品和服务的价格虽由国家控制，但定价也注意尊重并体现市场规律。现代市场体系则更加强调了当今世界经济中生产要素稀缺性的变化、要素流动性的变化和市场组织形式的变化。生产要素市场提供生产要素的交易，不一定有固定和有形的场所，主要包括：(1) 金融市场，包括提供长期运营资本的资本市场，也包括提供短期资金融通的货币市场，还有外汇市场、期货市场等。(2) 劳动力市场，提供劳动力按供求关系进行流动的机制。(3) 土地市场，指进行土地所有权或使用权的交易和转让的市场。(4) 技术市场。所有这些市场构成了生产要素市场的统一体系。①

统一开放、竞争有序是现代市场体系的基本特征，具体表现为：

一是市场的统一性。统一性是现代市场体系的核心与灵魂，表现为市场规则的一致性、市场要素的自由流动性、市场价格的均衡性、不同市场价格之间的关联性等。只有在市场的统一性基础上，才能形成现代市场体系，进而为促进社会总需求与总供给的均衡、国民经济各部门和地区的有机联结、提高经济效率创造必要的条件。

二是市场的开放性。开放不仅是对外开放，更主要是对内开放，即地区、部门之间的相互开放。研究显示，我国省际贸易依存度在过去 20 年中不断上升，表明国内市场一体化程度不断增强。其中，东部地区的省际贸易依存度高于中西部地区，表明东部地区的开放度较高。但是，在各省对外贸易中，省际贸易的比重呈现下降趋势，表明国内市场一体化速度慢于国际市场，地区之间的相互开放有待进一步增强。部分市场领域存在不当准入限制，尤其对非公有制经济的原则性准入规定难以落实，使相关领域缺少充分竞争，不利于各类资源的优化配置和效率提升。

三是市场的竞争性。市场经济的特征是竞争，只有建立和健全竞争性的市场体系，才能使市场在资源配置中充分发挥决定性作用。当前，我国建立全国统一的竞争性市场体

① 汪红驹：《加快完善现代市场体系》，载《时事报告》2014 年第 1 期。

系，需要继续推进国有经济有进有退的布局调整，国有资本继续控股经营的自然垄断行业要实行以政企分开、政资分开、特许经营、政府监管为主要内容的改革，根据不同行业特点实行网运分开，放开竞争性业务，提高公共资源配置效率，为各种市场主体提供平等竞争的市场环境。

四是市场的有序性。这就是说，全国统一市场体系的正常运行主要由统一的市场规则来维系，尽量减少行政干预，防止权力对经济生活的渗透。其主要内容是，加快建设法治化的营商环境，不断完善市场公平竞争规则，包括政府在内的所有行为主体都要依法依规办事，提高行政权力运作的透明度，减少随机干预，加强责任追究。

8.3.3　完善现代市场体系的着力点，完善要素市场体系

第一，必须完善金融市场。中国市场经济发展历史还较短，金融市场事实上处于“欠发达”阶段，突出表现是：资金价格（利率、汇率等）还未完全市场化，民间资本进入金融业仍受准入限制，上市公司股权和治理结构、投资者权益保护等仍需继续完善。完善金融市场体系的重点是，引入新竞争者，扩大市场准入，放松银行业的进入规制和健全多层次资本市场体系；推进利率市场化，将影响整个社会资源配置方式演变的资金价格决定权交给市场；改革存款保险制度，增强小银行的信用，为之创造一个与大银行公平竞争的金融市场环境①；加强金融基础设施建设，完善宏观监管和行业管理。

第二，必须完善劳动力市场。经过30多年的改革实践，中国的就业制度在基本实现市场化的同时，还承受着新增就业人口数目巨大、体制转轨中结构性失业、大量农村富余劳动力转移就业的压力，人口城镇化滞后于土地城镇化发展，限制人口自由流动的制度阻碍全国劳动力市场的统一。通过发展非公有经济来推动就业问题的解决；通过教育，强调产

---

① 罗克关：《金融改革的要点是“市场”》，载《证券时报》2014年5月5日。

教融合，校企合作来提供市场所需要的劳动力；深化户籍制度改革，统筹城乡劳动力市场，促进符合条件的农业转移人口在城镇落户并享有与城镇居民同等的权益；提供一个更公平的环境，鼓励创业。

第三，必须完善土地市场。中国目前的土地市场基本上还是城市土地市场，农村土地市场基本没有得到法律正式确认。在快速城镇化过程中，城市用地和农村土地之间出现了很大的矛盾。一方面，城镇化速度加快，城市土地资源市场化配置比重还不高，地方政府有强烈的“用地冲动”，土地市场监管难度很大；另一方面，农村土地征收或征用没有给农民以合理的土地补偿，农村土地承包经营权还未市场化，农村集体建设用地流转渠道过于狭窄，在一定程度上导致了隐性化、非公开化。农村建设用地流转行为的发生和农村土地自发入市现象突出。完善土地市场的重点是，建立城乡统一的建设用地市场，允许农村集体经营性建设用地出让、租赁、入股，实行与国有土地同等入市、同权同价。①

第四，必须完善技术市场。市场经济的自由和公平竞争是鼓励创新的，只有通过创新和竞争优胜劣汰，整个经济体才能保持旺盛的生命力和国际竞争力。如果技术创新由行政来主导，企业不能成为技术创新的主体，技术创新与市场需求隔绝的弊病就难以根治。完善技术市场的重点是，深化科技体制改革，建立产学研协同创新机制，强化企业在技术创新中的主体地位，建设国家创新体系；加强知识产权运用和保护，健全技术创新激励机制；打破行政主导和部门分割，建立主要由市场决定技术创新项目和经费分配、评价成果的机制。

8.3.4　完善现代市场体系的核心：建立健全以市场为基础的价格形成机制

市场配置资源的决定性作用，是通过市场规则、市场价格、市场竞争等市场机制的作用实现的。因此，完善主要由

---

① 蔡继明：《土地资源配置　市场同样要起决定性作用》，载《光明日报》2014 年 5 月 14 日。

市场决定价格的机制是理顺并保持合理价格关系、优化资源配置、完善现代市场体系的题中应有之义，是深化经济体制改革、完善社会主义市场经济体制的重大举措。经过 30 多年的改革，我国市场机制在消费品和生产资料价格这些领域已经较好地发挥着配置资源的作用。

但是，我国的价格改革任务远远没有完成，甚至比过去更加艰巨。有的资源产品价格虽然“放开”，但价格形成机制并不合理。譬如，长期存在计划煤与市场煤的“双轨制”，极大地影响了价格配置资源的作用。一些还没有放开的商品和服务价格需要继续进行改革，特别是具有垄断竞争性的商品或服务，其中具有竞争性环节的价格还没有放开由市场调节形成，也不能开展公平、公正的竞争，尤其是自然垄断环节的价格，其改革的任务更加繁重。面对新形势新任务，我们迫切需要完善主要由市场决定价格的价格形成机制，进一步理顺重大价格关系，深化资源性产品、垄断行业及农产品等重点领域的价格形成机制改革，真正使市场在资源配置中起决定性作用，真正通过更加合理有效灵活的价格杠杆，优化全社会资源配置，促进经济发展方式转变和长期持续健康发展。

第一，深化成品油、天然气等资源性产品价格形成机制改革。要坚持市场化方向，提高市场化程度，凡是能够通过市场竞争形成的价格，都要放开由市场决定和调节；暂不具备条件完全放开的，也要积极建立符合市场导向的价格动态调整机制。

第二，大力推动交通运输价格和电信资费改革。在交通运输方面，要坚持铁路运价改革市场化取向，创造条件将铁路货运价格由政府定价改为政府指导价，增加运价弹性，建立依据运行速度和服务质量等因素确定铁路客运价格的形成机制。同时，要逐步扩大民航实行市场调节价格范围，进一步提高民航价格的市场化程度。电信资费改革方面，要按照扩大市场准入、促进公平竞争、提高服务质量的要求，规范电信资费行为，对电信增值业务资费实行市场调节价，加强对电信资费套餐和互联网接入资费行为的监管。

第三，逐步完善农产品价格形成机制。农产品价格形成机制涉及多方面因素，十分复杂，需要科学论证、慎重决策、稳步实施。要注重发挥市场形成价格作用，统筹兼顾国内与国际、中央与地方、产区与销区、农民与消费者等多重因素和利益关系，建立健全适应形势发展要求的农产品价格形成机制，以利于促进农业生产发展、市场供求基本平衡、保障国家粮食安全、保护农民和消费者利益。① 在管理体制方面，适应社会主义市场经济要求的价格管理体制和价格调控机制、政府价格行为的规范、相应的组织保障和宏观调控体系，以及规范市场价格行为的法律法规体系，都有待于进一步完善。

① 韩文秀：《完善主要由市场决定价格的机制》，载《经济日报》2013 年 11 月 19 日。

第 9 章　经济全球化条件下的中国对外开放

随着科学技术的进步和生产国际化程度的提高，经济全球化迅猛发展，世界各国之间的贸易依存度日益加深，中国共产党站在时代的高度，高瞻远瞩，抓住时代机遇融入全球化经济体系，不断拓宽中国对外开放的广度和深度，在国际合作和竞争中提高自己的综合国力和经济发展水平。随着国际交流合作的深化，我国作为规则实践者的弊端日益凸显。在国际贸易中，从规则的实践者变为制定者，中国还要进一步扩大对外开放，构建开放型经济新体制。

9.1　中国对外开放的历史进程

中华人民共和国成立以来，在不断总结实践的经验和教训的前提下，我国的社会主义建设在曲折中不断发展。1978 年，党的十一届三中全会把全党工作的重点转移到社会主义现代化建设上来，从此，我国进入改革开放新时期。随着经济特区的建立，沿海城市的开放，引进外资、对外经济技术交流与合作的迅速扩大，对外开放由沿海地区逐步扩展到全国，对外领域不断拓展。

9.1.1　对外开放的探索

我国对外开放战略的实施是从创办经济特区起步的。从 1978 年党的十一届三中全会以后至 1992 年邓小平南方视察前，这一阶段是中国对外开放的起步阶段，也是一个不断探索的阶段。这一阶段的对外开放总体上走的是一条“大胆地试、大胆地闯”（邓小平语）的“渐进式”开放道路，采取的是“梯度开放”的战略。1980 年深圳、珠海、汕头、厦门经济特区的设立，标志着中国对外开放正式起步。此后，从 1984 年开放大连、秦皇岛、天津、烟台、青岛、连云港、南通、上海、宁波、温州、福州、广州、湛江、北海 14 个沿海港口城市，再到 1988 年设立海南经济特区，开辟长三角、珠三角等沿海开放区；从 1990 年浦东新区的开发和开放，到 1991 年开放满洲里、丹东、绥芬河、珲春 4 个北部口岸，乃至批准上海外高桥、深圳福田、沙头角、天津港等沿海重要港口设立保税区，中国的对外开放渐次有序地推进。

这一时期，中国对外开放的特点是发展“外向型经济”，即改变原来的与世界经济隔绝的封闭式发展模式，充分发挥自身的比较优势，利用发达国家和地区劳动密集型产业外移的机遇，大力吸引外资，发展出口导向的劳动密集型制造业。在开放区域上，以特区、保税区等“点”状开放为主，沿海、沿边推进，基本定位于建立中国和世界相联系的“通道”。这一时期，我国的对外开放处在一个不断探索、成长的阶段，为以后的全方位对外开放提供了宝贵的实践经验。

9.1.2　全面开放的形成

1992 年邓小平南方讲话，确立了社会主义市场经济体制的改革方向，中国的对外开放也进入了全面加速推进的时期。1992 年，以上海浦东为龙头，开放芜湖、九江、黄石、武汉、岳阳、重庆 6 个沿江城市和三峡库区，实行沿海开放城市和地区的经济政策。同时开放哈尔滨、长春、呼和浩特、石家庄 4 个边境和沿海地区省会城市，开放珲春、瑞丽、凭祥等 13 个沿边城市，进而开放太原、合肥、成都、西安、银川等 11 个内陆省会城市。2000 年，国家又实施西部大开发战略，对外开放进一步扩大到广大西部地区。至此，中国全方位的对外开放地域格局基本形成。

这一阶段中国对外开放的特点是发展开放型经济，从局部开放发展到全面开放，对外开放的地区从最初的经济特区逐步发展到沿海开放城市、经济技术开发区、沿海经济开放区、沿江城市、省会城市、沿边城市等，形成了由南到北、由点到面、由沿海到内地，由点状开放向全中国区域全面开放的格局，同时，对外开放的战略重心也从起初的体制试点发展为全面制度建设。中国加快了市场化改革的步伐，逐渐建立起既符合国际规范，又适合中国国情的社会主义市场经济体制，大大促进了中国经济与世界经济的融合。

9.1.3 对外开放的不断发展

2001 年 12 月，中国加入 WTO，中国的对外开放进入了一个全新阶段。在这一阶段，中国对外开放出现三个主要转变：中国由有限范围和有限领域内的开放，转变为全方位的开放；由以试点为特征的政策主导下的开放，转变为法律框架下可预见的开放；由单方面为主的自我开放，转变为与世界贸易组织成员之间的相互开放。中国经济全面而深入地融入了国际分工体系。在加入 WTO 以前，中国的对外开放总体上表现为自主控制下的局部性开放，开放的领域主要集中在生产性投资领域。加入 WTO 之后，中国开始由局部性对外开放转变为全方位的对外开放，开放程度与发达国家的平均开放水平相差无几，有的领域甚至高于一些发达国家。同时，中国企业也积极“走出去”，中国进入了“双向开放”的新时期。

全面开放战略的基本内容是：第一，全面开放，建立开放型经济、开放型市场和开放型社会，全面激发中国的创新力，全面提高中国的国际竞争力，全面增强中国的综合国力；第二，全面参与，顺应经济全球化的发展趋势，坚持在更大范围、更广领域和更高层次上参与国际政治经济秩序和国际组织，并发挥积极的作用。既运用政治、外交手段维护和拓展中国国家经济贸易利益，又运用经济、贸易、投资手段维护和保障中国国家政治安全；第三，全面合作，既与发展中国家合作，也与发达国家合作；既与大国合作，也与小国合作；既推动“南南合作”，也推动“南北合作”；既推动经济、贸易、技术合作，也推动安全合作；第四，全面提升，通过开放全面提升国内企业和产业参与国际市场的竞争能力和抵御外部冲击和风险的能力，中国政府不断提高应对国际局势和处理国际事务的能力；第五，坚持和平发展道路，既通过维护世界和平发展自己，又通过自身发展促进世界和平，努力实现中国的和平发展、开放发展、合作发展、和谐发展。

十六届三中全会正式宣布，我国全方位、宽领域、多层次的对外开放格局基本形成。全方位是指我国的对外开放是对世界各类型国家的开放。宽领域是指对外开放范围涵盖了经济、政治、科技、教育、文化、体育、卫生等众多领域。多层次就是根据各地区的实际和特点，通过经济特区、沿海开放城市、沿海经济开放地带，开放沿边和沿江地区以及内陆中心城市的对外开放，充分发挥开放地区的辐射和带动作用。2007年党的十七大明确指出，要完善内外联动、互利共赢、安全高效的开放型经济体系。① 2011年，胡锦涛同志在庆祝中国共产党成立90周年大会上的讲话中重申，我们将坚定不移实行对外开放的基本国策，完善开放型经济体系，全面提高开放型经济水平。

2013年9月，中国（上海）自由贸易实验区挂牌成立。上海自贸区是中国“以改革促开放、以开放推动改革”大战略的重要决策，这将使中国从中获得巨大的开放红利。上海自贸区是国家拟建设的第一个真正意义上的自由贸易区，从战略意义上，这是中国继1979年建立深圳特区、2001年加入WTO后，中国对外开放的又一重大战略举措，这也是提升中国竞争力和创新力的一次有益的制度性创新的尝试。实施这一积极的主动开放战略是中国把握历史机遇为中国赢得新的发展契机的一项重大举措。2013年11月12日，习近平总书记在中共十八届三中全会中提出，要坚持改革开放的成功经验，构建开放型经济新体制，加快培育参与和引领国际经济合作竞争新优势。

9.2 中国特色对外开放的原则

9.2.1 独立自主、自力更生是对外开放的基础

胡锦涛总书记在十七大报告中总结我国对外开放的经验中强调，中国这样一个有十几亿人口的发展中大国要发展起

① 中共中央文献研究室：《高举中国特色社会主义伟大旗帜 为夺取全面建设小康社会新胜利而奋斗》，《十七大以来重要文献选编》（上），中央文献出版社2009年版，第21页。

来，既离不开参与经济全球化，更离不开独立自主。中国的对外开放是独立自主基础上的对外开放，对外开放与独立自主二者互相依存，统一于建设中国特色社会主义事业之中。独立自主就是社会主义现代化建设的道路和方法由我国自主的选择和作出决策。自力更生就是社会主义现代化建设主要依靠本国的力量和努力，依靠全国人民的辛勤劳动和聪明才智。

独立自主、自力更生是毛泽东思想的重要内容，是从我国实际出发，对马克思主义创造性地继承和发展，是指导我国革命和建设取得胜利的一项基本方针。邓小平在党的十二大的开幕词中强调指出，中国的事情要按照中国的情况来办，要依靠中国人民自己的力量来办。独立自主，自力更生，无论过去、现在和将来，都是我们的立足点。① 我们在社会主义建设的每项事业中，都要坚定不移地贯彻独立自主、自力更生的方针。胡锦涛在纪念改革开放 30 周年大会的讲话上指出：在我们这样一个人口众多的发展中社会主义大国，任何时候都必须把独立自主、自力更生作为自己发展的根本基点，任何时候都要坚持中国人民自己选择的社会制度和发展道路，始终把国家主权和安全放在第一位，坚决维护国家主权、安全、发展利益，坚持中国的事情按照中国的情况来办、依靠中国人民自己的力量来办，坚决反对外部势力干涉我国内部事务。独立自主、自力更生的内在要求，就是要把一切工作和方针放在自己力量的基点上，充分相信本国人民的智慧和力量，主要依靠自己的奋斗和努力，发展革命和建设事业。我国的对外开放是独立自主、自力更生基础上的开放。

9.2.2　正确处理独立自主、自力更生与对外开放的关系

实行全面的对外开放与坚持独立自主、自力更生的方针并不矛盾。像中国这样一个大国要实现现代化，主要要依靠

---

① 中共中央文献研究室：《十二大以来重要文献选编》（上），人民出版社 1986 年版，第 3 页。

自己的力量，但独立自主不是闭关自守，自力更生并不是盲目排外。独立自主、自力更生与对外开放是我国经济建设中相互联系、相互依存的两个方面。一方面，独立自主、自力更生是我国对外开放的前提和基础。我国的社会经济性质和具体国情决定了我国经济建设的立足点必须坚定不移地放在依靠自己力量的基础上，既不指望别人的恩惠施舍，也不接受任何人的干预和摆布。舍弃立足点，对外开放就成了无源之水，无本之木。只有增强独立自主、自力更生的能力，才能在国际上获得较高的信誉，吸引更多的合作者，才能不断扩大对外开放的深度和广度。只有坚持独立自主、自力更生，才能自主地掌握本国的经济命脉，逐步建立起独立的、完整的国民经济体系，实现社会主义的经济独立，进而保障政治独立；只有坚持独立自主、自力更生，才能真正实现社会主义现代化；只有坚持独立自主、自力更生，才能在发展对外经济关系中维护国家的根本利益，保护国家的经济安全。另一方面，对外开放是为了增强独立自主、自力更生的能力，在对外开放过程中积极利用外国的投资、先进技术与管理经验，可以吸收和借鉴世界各国的文明成果，促进生产力的发展和综合国力的提高，取得更好的经济和社会效益，加快本国经济发展，增强经济实力。对外开放是为了增强我国的自力更生能力。坚持独立自主、自力更生，积极实行对外开放，都是为了更好更快地推进社会主义现代化建设。

60 多年的社会主义建设，特别是 30 多年的对外开放的实践证明，在对外开放的进程中要始终坚持独立自主、自力更生，只有把独立自主、自力更生作为国家发展的立足点，才能有效地消化、吸收和利用别国先进的技术与经验来发展自己；同时，只有实行对外开放，发展对外经济交流与合作，才能在充分吸收人类文明共同成果的基础上，更具有独立自主、自力更生的能力与动力，实现我国社会主义建设的跨越式发展。我们要实现的是中国式的现代化建设，通过对外开放可以弥补不足，但不能解决根本问题，要坚持走独立自主、自力更生地建设有中国特色社会主义的道路，在此基础上实行全面对外开放。

坚持在独立自主、自力更生基础上进行全面的对外开放，30 年的对外开放实践，使我国经济已融入世界经济体系之中，并转化为其中的一个有机构成要素，但又自成体系地保持着自己的相对独立性，不断利用世界市场与国际体系更好地实现着国家利益。

9.3 实行对外开放是经济全球化背景下的必然选择

9.3.1 经济全球化是不可逆转的时代潮流

当今时代最重要、最突出的特征之一，即是全球化。全球化出现或体现在社会领域的各个方面，其中最基本、最实质的，对其他各领域的全球化有着决定性影响和根本性制约作用的是经济全球化。经济全球化始于西方资本主义向外扩张运动，是指以市场经济为基础，以先进科技和生产力为手段，以发达国家为主导，通过分工、贸易、投资、跨国公司等媒介，实现各国市场分工与协作并且相互融合的过程。在经济全球化的形势下，各个民族国家的文化通过信息交流和产品扩散等手段在全球范围内传播、碰撞、吸收、交融，从而形成了文化全球化。经济全球化是人类社会生产活动发展的必然结果，它客观上要求全球范围内的不同国家和地区以及生产者个人，都要不同程度地以不同方式同时参与到全球性的经济活动中来。经济全球化指商品、劳务、技术、资金在全球范围内流动和配置，表现为生产全球化、贸易全球化和资本全球化。经济全球化是当今世界发展的客观趋势和历史潮流，它深刻地影响着社会主义的发展进程和历史命运。作为世界经济发展的客观历史进程，通过贸易、金融、投资以及知识的扩散，经济全球化在科技革命和信息经济的推动下业已发展成为一股不可阻遏的时代潮流。经济全球化促进了生产要素在全球范围的流动和国际贸易的迅速发展，从而推动了世界范围内资源配置效率的提高和各国生产力的发展，为各国经济发展提供了更加广阔的空间。经济全球化有利于各国生产要素的优化配置和合理利用，促进了国际分工的发展和国际竞争力的提高，促进了经济结构的合理优化和生产力的较大提高，促进世界经济多极化发展。

当今世界正处在历史性巨大变革之中，经济全球化在曲折中深入发展，并呈现出一系列新情况、新特点，尤其在新技术革命的推动下不断加速。国际金融危机以来，各种不确定因素增多，但经济全球化深入发展的基本趋势没有改变，对世界经济、国际市场、全球产业、跨国公司和资源要素配置仍然发挥着导向性的基础作用。

9.3.2　经济全球化背景下的机遇和挑战

经济全球化带来的机遇是全方位、多层面的。从生产力发展层面看，经济全球化体现了当前资本主义世界生产力高度发达的先进性，在一定历史范畴内，它极大地促进了生产力的发展。在全球化条件下，资源得以在全球范围内有效配置，各国可以发挥比较优势实现经济互补，提高经济效益；世界市场不断扩大并统一，各国可以发挥优势增大生产能力；科技研发的全球性合作因资本和人才的世界性流动而得以实现。对于发展中国家来说，经济全球化所带来的全球范围内生产要素的自由流动以及更加便捷化的经贸技术交流，可以使其充分利用外部资源来弥补国内经济发展资源禀赋的不足。具体地说主要体现在以下几个方面：发展中国家可以适应世界经济发展的趋势，学习、借鉴先进的科学技术和管理方法；可以通过积极参与经济全球化进程，不断改进和调整国内经济的运行机制，参与国际经济竞争，提高竞争力，促进本国经济发展；可以通过国际大市场和各生产要素自由流动的条件，尽量吸引对自己有利的外资、技术、设备；可以发挥本国在市场、资源、劳动力价格等方面的优势；可以在参与经济全球化进程中，逐步由适应规则发展到参与规则的制定，争取建立公平、平等、互利的国际经济新秩序等。

经济全球化带来的弊端和挑战也是巨大而复杂多样的。经济全球化给不同国家和地区带来的机遇和挑战是不平衡的，主要原因在于：经济全球化是资本经济发展到一定阶段的产物，其资本主义生产竞争的本质没有改变；在竞争中，发展中国家处于不利地位，这主要反映在贸易和金融等方面；发展中国家面对经济全球化实行对外开放，必然带来外国商品对本国市场的占领，冲击挤压民族工业；发达国家利用销售、技术、资本、管理等优势，利用知识产权和法律等手段，攫取发展中国家的剩余劳动价值、自然资源和生产资料，并转移负效应，引发社会矛盾；由于经济差距的拉大，促使发展中国家人才流向发达国家等。

经济全球化作为一种社会发展的必然，覆盖、制约和影响着全世界每一个国家和地区的经济社会发展，是每一个民族国家和经济地区发展的大环境。经济全球化又必然包含着不同国家和地区的经济活动，由这些不同国家和地区的经济活动来参与和构成。在这种时代特征和历史发展规律下，每一个国家在制定自己的经济发展战略或进行自身的经济社会管理时，都必须首先考虑这种大环境、大趋势。能否顺应这种大趋势，结合自身实际制定相应的战略政策和措施，就成为该国能否实现发展的关键因素。自 20 世纪 70 年代末以来，中国人民在中国共产党的正确领导下，结合自身国情，顺应历史发展的大潮流，抓住经济全球化的历史机遇，全面融入国际分工体系，以开放促改革、以开放促发展，在参与国际交换、国际合作和国际竞争中不断增强经济竞争力。

9.3.3　经济全球化背景下的对外开放

邓小平通过对中国和世界发展状况及其关系深入思考后指出：现在的世界是开放的世界，发展经济，不开放是很难搞起来的。世界各国的经济发展都要搞开放，西方国家在资金和技术上就是互相融合、交流的。经验证明，关起门来搞建设是不能成功的，中国的发展离不开世界。他还高瞻远瞩地指出：如果开放政策在下一世纪前五十年不变，那么到了后五十年，我们同国际上的经济交往更加频繁，更加相互依赖，更不可分，开放政策就更不会变了。邓小平的上述论述，深刻阐明了对外开放既是生产社会化的客观要求；又是国际经济一体化发展的必然趋势的道理，表明邓小平已敏锐地捕捉到了世界经济发展趋于全球化的新趋势。

在经济全球化的背景下，对外开放是获得发展的前提，闭关锁国一定会导致落后。实践证明，在经济全球化的条件下，谁掌握的信息丰富、准确、及时，谁就会在激烈的国际市场竞争中掌握主动权，立于不败之地。经济全球化作为一股不可逆转的历史潮流，既给社会主义的中国带来千载难逢的机遇，也给社会主义的中国提出诸多的挑战。如何在经济全球化的背景下，坚持和扩大我国的对外开放，加快中国社会的发展进程，使中国以更加崭新、积极的姿态走向世界和未来，是我们所面临的紧迫而又重大的理论和实践课题。

对外开放就是国家积极主动地扩大对外经济交往，发展开放型经济。作为我国长期坚持的基本国策，对外开放是建设中国特色社会主义的重要组成部分。其主要内容包括：第一，发展对外贸易。对外贸易是经济增长的重要拉动因素。扩大对外贸易规模，有利于提升国内的产业结构，推动经济的现代化。中国的对外开放首先是通过对外贸易来实现的。第二，引进和利用外资。对外经济关系不仅包括商品的国际流通，还包括资本、技术和劳动力等生产要素的国际间流动。中国的经济发展不仅要充分利用国内资源，还要充分吸收和利用国际资源，通过引进资金、先进技术和人才来增强国际竞争力，优化生产要素供给条件，带动整个国民经济的发展。第三，实施“走出去”战略。实行对外开放，不仅意味着要实行“引进来”战略，大力引进外国资金、技术和人才，还要实行“走出去”战略，包括发展对外投资、技术和劳务输出等。“引进来”与“走出去”是对外开放的两个轮子。两个轮子一起转，有助于发挥优势，扬长避短，促进经济持续快速稳定发展。“走出去”就是要更加积极地参与经济全球化，更加广泛地开展同世界各国特别是广大发展中国家的经济技术交流合作，更好和更多地利用国外一切可能利用的市场和资源，以弥补国内资源的不足，扩大国际市场空间。对外开放政策顺应了世界科技进步、经济全球化的形势，促进了中国经济快速发展，同时为全球经济增长创造了条件，使中国在更大范围、更广领域和更高层次上参与国际经济技术合作和竞争。实行对外开放为我们引进国外先进技术和先进设备提供了条件，也为我们借鉴和吸收国外先进的管理经验和管理方法提供了条件，实行对外开放是我们了解和掌握世界信息，积极参与国际市场竞争的重要条件。中国人民在中国共产党的领导下，抓住了经济全球化的历史性机遇，全面融入国际分工体系，以开放促改革、以开放促发展，在不断扩大对外开放中寻求发展的机会，在参与国际交换、国际合作和国际竞争中不断增强经济竞争力。

总之，对外开放是经济全球化背景下的必然选择，通过对外开放，中国的经济发展和社会进步取得了举世瞩目的伟大成就，实行对外开放，符合当今时代特征和世界经济技术发展规律。对外开放顺应了世界科技进步、经济全球化的形势，促进了中国经济的快速发展，同时也使得我们以更加积极开放的心态走向世界，为全球经济增长创造了条件。

9.4 内外联动、互利共赢、安全高效的开放型经济体系

9.4.1 建立开放型经济体系的要求

在经济全球化深入发展的进程中，提高开放型经济水平是一个国家依托本国资源禀赋及比较优势，积极融入世界经济和国际分工，提高全球竞争力和影响力的战略举措。我国改革开放30多年的发展历程，加入世界贸易组织十多年来的跨越式发展充分证明，对外开放是推动我国经济社会发展的强大动力，是迈向开放型经济的成功抉择，是“中国模式”的最重要标志。在新形势下，进一步提高开放型经济水平和质量，以开放促改革、促发展、促创新，对推动我国经济社会的可持续发展、提高国际竞争力和影响力，具有重大的战略意义。

党的十七大把坚持独立自主同参与经济全球化结合起来，作为我国巩固和发展社会主义的十大“宝贵经验”之一。这是在新的历史时期，以科学发展观为指导，面对加入世贸组织和应对国际金融危机的复杂国际环境，中国共产党在对外开放实践中的重大理论创新。

党的十七大基于对过去发展开放型经济的成功实践和新时期国际国内形势的前瞻性的把握，明确提出“完善内外联动、互利共赢、安全高效的开放型经济体系”的要求。这十二个字的明确界定第一次全面地诠释了开放型经济的深刻内涵，是对改革开放以来，在对外开放领域科学认识的系统概括和总结，意蕴深远。“内外联动、互利共赢、安全高效”的开放型经济体系，着眼于实现全面建设小康社会的宏伟目

标，含义深刻，体现出我国对外开放的新特点、新趋势。面对新的形势，十七大提出要扩大开放领域、优化开放结构、提高开放质量。“开放型经济进入新阶段”，这是党的十七大作出的科学判断。在这个时期，我国对外开放面临着新形势，在这个新的历史起点上，如何进一步扩大对外开放，实现开放型经济新的发展，是我们要认真思考并作出回答的问题。党的十七大明确提出了“拓展对外开放广度和深度，提高开放型经济水平”的新要求，以“提高开放型经济水平”取代“发展开放型经济”，这既是对过去思路的继承，又为在新的历史起点上推进对外开放指明了方向。这个要求的一个重要方面，就是要完善内外联动、互利共赢、安全高效的开放型经济体系。这一明确界定，系统概括和总结了我们党在对外问题上的新认识。

内外联动，要求处理好国内发展和对外开放的关系，国内发展是实行对外开放的目的，对外开放是实现国内发展的手段。在推进对外开放的过程中，努力做到利用国际有利条件和充分发挥我国优势相结合，扩大引进技术和全面增强自主创新能力相结合，利用外资和大力促进国内产业结构优化升级相结合，实施“走出去”战略和缓解国内短缺资源约束相结合，促进内外资源合理配置、内外市场互为补充，增强我国经济的整体竞争力。内外联动，具体包括“引进来”与“走出去”联动、对内开放与对外开放联动、国内国际两个市场和两种资源联动等。在 2005 年 5 月中央政治局第 22 次集体学习上，胡锦涛指出，要从树立和落实科学发展观的战略高度，立足国情，扬长避短，趋利避害，坚持用全球战略眼光观察和谋划国内发展和对外开放，努力实现我国经济社会又快又好地发展。更进一步为统筹国内发展和对外开放指明了方向，提出了更高的要求。在 2005 年 10 月十六届五中全会第二次全体会议上，胡锦涛总结了在全面建设小康社会、加快推进社会主义现代化的新的发展阶段，经济社会发展呈现出的十个重要的阶段性特征，其中之一就是，我国对外开放范围扩大、领域拓宽，同国际社会的联系更加紧密，同时面临的国际竞争日趋激烈，统筹国内发展和对外开放的要求更高。党的十七大报告进一步强调，对外开放日益扩大，同时面临的国际竞争日趋激烈，发达国家在经济科技上占优势的压力长期存在，可以预见和难以预见的风险增多，统筹国内发展和对外开放要求更高。① 在此基础上，中央提出了一系列明确要求，如“以优化进出口商品结构为重点，加快转变外贸增长方式”，“以引进先进技术、先进管理和海外智力为重点，提高利用外资质量”，“以扩大能源资源和技术合作为重点，继续实施‘走出去’战略”等，推动统筹国内发展和对外开放工作取得了明显成效。②

互利共赢，要求把既符合中国根本利益，又促进世界共同发展，作为处理国际经贸关系的基本准则，主动承担与中国发展水平和能力相适应的国际责任，努力提高同各方利益的汇合点。中国将始终不渝奉行互利共赢的开放战略。互利共赢要求在同各国广泛开展互利合作中促进自己的发展，又以自己的发展为维护世界和平、促进共同发展作出更大贡献，在国内市场和国际市场联系日益紧密的情况下，我们必须树立全球战略意识，实施互利共赢的开放战略，着力转变对外贸易增长方式，全面提高对外开放水平，扬长避短，趋利避害，在更大范围、更大领域、更高层次上参与国际经济技术合作和竞争，使对外开放更好地促进国内改革发展。通过对外开放更好地促进中国自身的发展，同时也通过自身的不断发展促进他国的发展。坚持互利共赢的开放战略是走和平发展道路的必然选择，有利于壮大维护世界和平、促进共同发展的力量。我们坚持既通过维护世界和平发展自己，又通过自身发展维护世界和平。中国的发展强大就是世界和平力量的发展壮大。中国通过和平发展所展现出的新的发展模式，贯穿着互利共赢的精神，是对人类和平与发展事业的重大贡献，是力行和谐世界理念的最好明证。

安全高效，就是对外开放中要坚持转变对外经济发展方式，培育开放型经济发展新优势，提高开放型经济的综合效

① 中共中央文献研究室：《十七大以来重要文献选编》（上），中央文献出版社 2009 年版，第 11 页。

② 参见何树平：《十六大以来对外开放思想的新发展》，《中共中央文献研究室个人课题成果集 2011 年（下）》，中央文献出版社 2012 年版。

益，增强抵御外部冲击和国际风险的能力。按照完善社会主义市场经济体制的要求，加快改革涉外经济管理体制，建立统一高效的对外开放决策、协调、管理和评估机制，完善开放条件下的对外经贸促进体系和风险防范机制，提高开放型经济对国民经济的贡献，增强风险防控水平。加强战略谋划，增进外交与经济紧密互动，全力维护国家和产业核心利益，切实保障经济安全。强调在参与国际经济大循环中，针对不断增多的不确定因素和风险，增强国家经济安全监测和预警、危机反应和应对能力，牢牢掌握对外开放的主动权，切实维护国家经济安全，全面提升对外开放的经济效益。中国的开放是以维护国家主权、安全和发展利益为出发点进行的自主开放。①

这三个方面各有侧重，又相互联系，共同构成完善中国开放型经济体系的内在机制和总体要求。“内外联动”，强调的是对外开放要立足于服务国内发展，要把对外开放同促进国内经济发展结合起来，把引进国外资金、技术、管理经验等落实到为我所用上；“互利共赢”，作为我国一贯实行的开放战略，强调的是对所有国家和地区要建立相互尊重、合作共赢的经贸关系，这也是必须始终秉持的时代理念和现代开放型经济体系的基本要求；“安全高效”，强调的是在对外开放中要注重维护国家经济安全和企业经济利益，对外开放要从注重规模速度向讲求质量效益转型，特别是在“走出去”过程中，既要加快巩固和拓展海外经济实力，也要通过有效手段保护海外人员和资产安全。

从改革开放之初的发展外向型经济到发展开放型经济，再到完善开放型经济体系，提高开放型经济水平，我国对外开放走过的历史进程，反映出党中央对外开放思想的不断深化和丰富。建立和完善开放型经济体系与建立和完善社会主义市场经济体系相辅相成，互动互补，浑然一体，成为我国经济在新世纪新阶段持续健康发展的体制基础和鲜明特色。

---

① 陈德铭：《完善互利共赢、多元平衡、安全高效的开放型经济体系》，载《人民日报》2012 年 12 月 4 日。

9.4.2 完善开放型经济体系的新要求

十八大报告提出，全面提高开放型经济水平，适应经济全球化新形势，必须实行更加积极主动的开放战略，完善互利共赢、多元平衡、安全高效的开放型经济体系。这一提法体现了中国实施更加积极主动和互利共赢的开放战略，顺应了中国积极适应经济全球化的大趋势，强调了中国重视开放的质量与效益，凸显了内外统筹的科学发展思路。从党的十七大报告的“拓展对外开放广度和深度，提高开放型经济水平”，到十八大报告“全面提高开放型经济水平”，充分说明全面加速发展开放型经济已经成为全党全国人民在经济领域的共识，成为加快完善社会主义市场经济体制和加快转变经济发展方式的重要领域之一。与十七大提出的“完善内外联动、互利共赢、安全高效的开放型经济体系”略有不同，十八大报告重申了“互利共赢”、“安全高效”这两项基本要求，而更加强调了“多元平衡”，并以“多元平衡”替代“内外联动”。与以往提法相比，由“内外联动”，到“多元平衡”，是对建立开放型经济体系的要求更加全方位、更加多维、立体了。强调对外开放“多元平衡”，顺应了当代的国际经济发展趋势。所谓多元平衡，强调的是对外开放的多元性和平衡性，要求实现多元发展、平衡发展。从“内外联动”到“多元平衡”，强调的是不断增强开放型经济发展的平衡性、协调性和可持续性。

习近平指出：“中国坚持改革开放不动摇。中国越发展，就越开放，中国开放的大门不可能关闭。”站在新的历史节点上推进新一轮对外开放，是我们必须担当起的历史责任。

9.5 努力构建开放型经济新体制

党的十八届三中全会对在新的历史起点上全面深化改革作出重大战略部署，必将对推动中国特色社会主义事业产生重大而深远的影响。全会通过的《中共中央关于全面深化改革若干重大问题的决定》指出：“适应经济全球化新形势，必须推动对内对外开放相互促进、引进来和走出去更好结合，促进国际国内要素有序自由流动、资源高效配置、市场深度融合，加快培育参与和引领国际经济合作竞争新优势，以开放促改革。”① 这为今后一个时期继续扩大对外开放、全面提升开放型经济水平指明了方向。

9.5.1　开放型经济新体制的内涵

中国是国际合作的后来者，也是国际投资贸易规则的实践者，但不是制定者。中国需要融入国际社会，和国际社会共同制定贸易投资规则。同时，中国要进一步扩大对外开放，必须要构建一个开放型经济新体制，这个开放型经济新体制的内涵包括以下三方面内容：

1. 以负面清单和准入前国民待遇为抓手，改革利用外资、对外投资管理体制

目前，我国利用外资仍然采用专案审批加产业指导的管理方式，审批环节多。这种审批方法必须要改。2013 年，我国批准设立上海自由贸易试验区，这是一个重大探索。实行简政放权、创新管理体制、探索新的管理方式。经过一段时间的实践，可以初步得出一个结论：这样的试验受到世界各国欢迎和重视，得到国内各方面的关注，同时也可以证明中国实行准入前国民待遇加负面清单的做法是可行的。

2. 坚持多边贸易和自贸区两个轮子一起转，推动完善全球贸易管理体制

中国将积极参与全球经济治理，推动 20 国集团发挥全球经济治理主要平台的作用，推动国际金融体制改革，推动世界贸易组织多哈回合谈判，积极参与气候变化、能源资源安全、粮食安全等全球性问题的国际合作，加强与发达国家间的宏观政策协调和市场开放，与新兴市场和发展中国家实现优势互补。同时，我国还将加快实施自贸区战略，积极发展与其他国家和地区的自贸关系。

3. 扩大内陆和沿边开放，构建全方位对外开放的新体制

我国要协同推进东中西部的对外开放，逐步形成分工协作、互动发展的对外开放格局。经过 30 多年的改革开放，

① 《中共中央关于全面深化改革若干重大问题的决定》，载《人民日报》2013 年 11 月 16 日。

中国对外开放是从东到西的，东部地区对外开放起步早、发展快，但是相对东部而言，中国的中部和西部地区开放总体滞后，这已经引起了中央政府的高度关注。我国要加快推动中西部地区的经济发展，尤其是要扩大中西部地区的对外开放。同时，我国要加快沿边开放的步伐，特别是要鼓励沿边的口岸、边境城市，加强与周边国家的人员和贸易往来。2013 年，我国又提出建设丝绸之路经济带、海上丝绸之路，促进沿边地区与周边国家的政策沟通、道路联通、贸易畅通、货币流通和民心相通，提升沿边开放的水平。①

9.5.2　构建开放型经济新体制的举措

全面提升开放型经济水平，根本在于不断扩大对外开放，以开放促改革。适应经济全球化新形势，必须实行更加积极主动的开放战略，冲破思想观念的束缚，突破利益固化的藩篱，攻克体制机制的痼疾，释放深化改革的红利，加快培育参与和引领国际经济合作竞争新优势，实现五个“互动”，即实现改革创新与扩大开放良性互动；实现对外开放与对内开放良性互动；实现扩大国内市场准入与开拓国际市场良性互动；实现深度参与全球化与防范经济风险良性互动；实现巩固传统优势与培育新优势良性互动。全面提升开放型经济水平，关键是要把推动发展的立足点转到提高质量和效益上来，调整经济结构，转变发展方式，激发各类市场主体发展新活力，形成创新驱动发展新动力，不断增强长期发展后劲。

1. 放宽投资准入，提高利用外资综合效益

利用外资要与调整经济结构、转变经济发展方式、促进国内市场竞争相结合，更加注重引进先进技术、管理经验和高素质人才，充分发挥利用外资的技术溢出和综合带动效应。《中共中央关于全面深化改革若干重大问题的决定》指出：统一内外资法律法规，保持外资政策稳定、透明、可预期。这是我国外商投资管理体制改革的重大举措。按照《决

① 钟山：《构建开放型经济新体制是必然选择》，载《中国发展观察》2014 年第 4 期。

定》要求，以建设中国（上海）自由贸易试验区为契机，探索准入前国民待遇加负面清单模式，加快外资管理模式创新，推动政府职能转变，为全面深化改革和扩大开放探索新途径、积累新经验。建立利用外资科学评价体系，引导利用外资从注重规模向提高质量与综合效益转变。借鉴主要经济体的成功经验，健全国家经济安全保障机制。

2. 统筹多双边和区域次区域合作，加快自由贸易区建设

《决定》指出：坚持世界贸易体制规则，坚持双边、多边、区域次区域开放合作，扩大同各国各地区利益汇合点，以周边为基础加快实施自由贸易区战略。这为完善新时期对外经贸关系布局明确了重点。在双边层面，创新与发达国家的合作模式，加强政策协调，增进开放互信；与新兴市场国家和发展中国家实现优势互补、错位竞争，维护共同利益。在多边层面，维护多边贸易体制主渠道地位，反对任何形式的保护主义，减少和消除贸易投资壁垒；积极参与国际经贸规则制定，推动国际经济秩序更趋公平合理。在区域层面，以周边为基础加快实施自贸区战略，主动参与新议题谈判，形成面向全球的高标准自贸区网络。在次区域层面，深化大湄公河、泛北部湾、大图们江等地区合作，形成于我有利的地缘经济和政治新格局。建设中国（上海）自由贸易试验区，是在我国改革开放新的历史条件下，立足国家战略需要、顺应全球经贸发展新趋势，更加积极主动对外开放的重大举措。这一重大决策充分反映了党中央、国务院全面深化改革、进一步扩大开放的决心。通过建立自贸试验区，以开放促改革，建立市场机制起决定性作用的、融入全球新格局新规则的“倒逼”机制，实现我国开放型经济转型升级。

3. 扩大内陆沿边开放，完善全方位对外开放新格局

协同推进东中西部对外开放，逐步形成分工协作、互动发展的开放型经济新格局。《决定》指出：抓住全球产业重新布局机遇，推动内陆贸易、投资、技术创新协调发展；加快沿边开放步伐，允许沿边重点口岸、边境城市、经济合作区在人员往来、加工物流、旅游等方面实行特殊方式和政策。这为深化内陆、沿边开放明确了政策着力点。东部地区要充分发挥引领作用，率先实现转型升级，打造全球先进制造业基地，提升服务业国际化水平。内陆地区要依托本地优势，提高吸纳国际、国内产业转移的能力，加快发展特色外向型产业。沿边地区要综合考虑经济发展、边疆稳定、民族团结、周边和谐的需要，合理布局基础设施项目。着力建设丝绸之路经济带、海上丝绸之路，促进政策沟通、道路联通、贸易畅通、货币流通和民心相通，以点带面、从线到片，形成向东向西全面开放的国际经济合作带。①

9.6 扩大服务业对外开放

9.6.1 我国服务业对外开放的现状

“十一五”时期，我国金融、批发零售、住宿餐饮、交通仓储等主要服务业行业和旅游、文化、家政、动漫、环境服务、电子商务等新兴服务产业和新型业态快速发展。服务业规模不断扩大，2010 年增加值比 2005 年增长 1.3 倍，年均增加就业 579 万人，服务业就业人数占全社会就业人数比重达到 34.6%，成为推动经济增长、社会发展和生活改善的重要力量。② 截至 2013 年，我国服务业利用外资占比已超过了 51%，连续三年超过了制造业利用外资规模，对外直接投资逐渐向服务业集聚，已突破了传统的对外投资动机，利用外资已进入到“服务经济时代”。我国的服务贸易也迅速发展，服务贸易进出口总额已居世界第三位。服务业在我国对外开放中发挥着越来越重要的作用。但我们也应当清醒地认识到 2013 年中国服务贸易进出口总额5 396.4亿美元，仅为美国的一半左右；中国是货物贸易顺差大国，同时也是世界第一服务贸易逆差大国，1995 年至今，中国的服务贸易不仅持续逆差，而且逆差不断增长，

---

① 高虎城：《全面提升开放型经济水平》，载《求是》2013 年第 24 期。

② 国务院办公厅：《温家宝主持召开国务院常务会议 研究加快发展服务业 审议通过〈国内水路运输管理条例（草案）〉》，中央政府门户网站 http://www.gov.cn/ldhd/2012-09/26/content_2233554.htm。

2013年逆差额高达1 184.6亿美元。中国服务贸易的这种发展状况与美国等发达经济体服务贸易持续顺差形成鲜明对比。① 因此，中国服务出口结构也不够优化，金融、保险等技术知识密集型的服务出口占比还比较低。党的十八届三中全会提出“构建开放型经济新体制”，如何顺应这一要求，把握服务业对外开放的新机遇、新格局，安全有序、积极稳妥地推进服务业对外开放，有着极为重要的理论意义和实践意义。

9.6.2　我国服务业对外开放面临的问题

结构不合理，技术含量不高。服务业外商直接投资过多地集中于房地产等利润较高的非传统服务业，同时中国服务业与外商投资存在较大的技术差异，因此，外商投资并未给中国服务业带来明显的技术优势。另外，在服务业领域，由于我国企业在产品设计、管理技术、技术诀窍和服务水平等方面与跨国公司的差距远大于制造业，中国服务业吸收能力不足以及缺乏与外商投资企业进行切磋技艺的能力和水平，导致当前我国服务业技术吸收能力很有限。

本土生产性服务业大多被压制在产业链的低端。随着外商投资的增长，服务业对资本和劳动要素的需求不断增长，但是外商投资的不断增长对劳动力和资本的需求与内资企业关联度不高。近年来外商在华投资向生产性服务业快速扩张，但其服务对象主要是跨国制造企业，在如此情形下，由于本土生产性服务业不具有为外商制造业企业提供生产性服务的能力，必然造成本土企业技术难以升级的不利后果，导致我国内资生产性服务业被压制在产业链的低端。

服务业外商投资并未显著提高我国服务业国际竞争力。由于服务业外商投资的品牌效应远大于国内企业，服务业外商投资的大规模进入，将对本土市场需求造成一定压力，本土服务业市场需求在一定程度上被抑制了。以餐饮业为例，肯德基和麦当劳进入中国市场后垄断中国快餐行业市场，而

---

① 潘悦：《当前国际贸易发展的主要特征和基本走势》，载《求是》2014年第11期。

且其真正的核心技术和餐饮配方一直掌握在母国手中。同时，服务业外商投资并未显著提高我国服务业国际竞争力，服务业外商投资对我国服务贸易出口的影响远小于其对服务贸易进口的影响。

外商投资可能带来安全风险。服务业对国家经济安全的影响比制造业更为深刻，例如，信用服务业规模虽小，但与国家宏观经济稳定相关；再如，我国审计等专业服务规模较小，如果国外相关企业全面控制我国高端审计市场，将有可能导致我国国家经济数据不安全。因此，必须高度重视服务业对外开放可能带来的安全风险。

9.6.3 积极有序地推动我国服务业对外开放

经济全球化的加速发展是我国改革开放面临的一个最重要的国际背景，在对外开放的进程中，怎样抓住经济全球化加速发展的历史机遇，拓展中国服务业对外开放新空间，成为当前党和政府必须解决好的重大课题。《中共中央关于全面深化改革若干重大问题的决定》中提出：统一内外资法律法规，保持外资政策稳定、透明、可预期。推进金融、教育、文化、医疗等服务业领域有序开放，放开育幼养老、建筑设计、会计审计、商贸物流、电子商务等服务业领域外资准入限制，进一步放开一般制造业。加快海关特殊监管区域整合优化，必须认真贯彻这一战略部署，坚持维护国家安全，积极稳妥有序推进服务业对外开放，推动我国服务业持续健康发展。

优化服务业开放的区域结构。首先，扩大区域开放，缩小地区间服务业发展差距，以积极主动的对内对外开放政策推动区域服务业大发展。其次，积极吸引境外公司在中西部地区设立地区总部，发展总部经济，并按照其对地区各级财政的贡献率由受益财政给予有吸引力的补贴。最后，调整招商引资的主攻方向和策略手段，拓展服务业吸引外资的有效途径，积极引进国外商贸流通业、旅游业、文化产业、物流业进入中西部地区，对具有牵动力的重大现代服务业项目，给予财政支持和补贴，促进服务业企业技术水平的提高以及管理手段的创新。

优化我国服务业内部的行业结构，特别要大力拓展生产性服务业。首先，放松生产性服务业的投资限制，通过促进生产性服务业与制造业的良性互动和充分发挥服务业自身需求在生产性服务业发展中的作用，从产业层面扩大生产性服务业的中间需求。其次，改造传统服务业，大力推进生产性服务业的集聚式发展，通过政府扶持与政策倾斜等方法提升我国服务业产业集聚对生产率的贡献度。最后，大力促进各地区生产性服务业与制造业的互动融合，实现产业价值链的攀升。

以外贸结构转换为出发点，促进服务贸易与货物贸易协同发展。为了增强我国货物贸易对服务贸易的拉动作用，需要不断发挥服务贸易高附加值优势，逐渐提高货物贸易的附加值和技术含量，延长货物贸易价值链，促进货物贸易与服务贸易的协同发展。同时，要逐步降低加工贸易在对外出口结构中的比重，改变因大量进口资本密集型设备而阻碍制造业对生产性服务业需求的状况，并通过自主创新和技术合作等方式逐步提升资本密集型制造业的发展水平，形成上下游完整的制造业产品生产链条，促进国内生产性服务业与制造业的融合互动发展。

针对不同的贸易伙伴国，重点发展优势互补的服务贸易，提升服务贸易国际竞争力。例如，中韩两国服务贸易竞争力互补的行业分别是交通运输、旅游、计算机和信息服务、通讯、金融服务、其他商务服务、政府服务及其他。因此，我国要重点发展与不同贸易伙伴国服务贸易竞争力互补的行业之间的贸易往来。

提高服务业内资企业的技术水平，缩小内资企业与外资企业的技术差距。对那些在竞争能力上与外商投资企业差距较大的行业，要尽快出台激励与支持措施，帮助企业缩小差距，要通过一系列政策措施，培育或扶持本土企业的成长，不断增强本土企业竞争力。同时，引导服务业外商投资的行业投资方向，对服务业 FDI 项目的评价要从注重数量转变为注重评价服务业外商投资技术含量的高低。

加强国内服务供应商与外资企业的联系，促进外资企业技术转移。鼓励外资企业与国内购买方和服务供应商之间建立广泛的联系，同时，要间接扩大制造业整体对国内生产性服务业的需求范围，不断提高本土生产性服务业为外商制造业企业提供生产性服务的能力，从而使跨国公司在华投资显著促进我国服务业技术进步。①

① 夏杰长，姚战琪：《全力构筑我国服务业对外开放新格局》，载《光明日报》2013 年 12 月 21 日。

结 语 走好中国道路 完善中国模式 续写中国奇迹

世纪之交，就有国外经济学家如此预言中国的前途——“中国将用10年的时间，走完资本主义文明50年的发展道路。”① 十余年来，在中国共产党的带领下，中国实现了经济总量从世界第六到第二的跨越，建成了世界上最大的社会保障体系框架，成为国际经济体系中举足轻重的力量，使预言变成了现实。

进入21世纪以来，中国先后应对了汶川大地震，提前完成世界最大规模灾后重建任务，成功举办北京奥运会、残奥会、上海世博会、广州亚运会和亚信峰会，成功地应对了国际金融危机，圆满完成了“十五”、“十一五”计划和“十二五”开局的主要任务。这些堪称精彩的“中国故事”，绝非仅仅是机遇的恩赐。澳大利亚学者休·怀特说：“我们应该承认，中国正发生着许多美好的事情。由于中国取得的经济增长，数亿中国人过上了他们父辈做梦都想不到的更好、更富足的生活。4亿人脱贫，13亿人走向现代化，对世界经济增长的年平均贡献率超过20%，这确实是中国道路最为‘真实的道德价值’。”② 俄罗斯总统普京曾这样评价说：“回望过去，中国不乏成功的故事，西方模式以两三百年解决了10亿人的发展问题，而中国道路在30年间改变了13亿人的命运。”③

经过36年的改革开放，中国积累了大量的物质财富和

---

① 人民日报评论员：《现代化历程的关键跨越》，载《人民日报》2012年7月11日。

② 任仲平：《中国道路的历史性跨越》，载《人民日报》2012年11月6日。

③ 任仲平：《中国道路的历史性跨越》，载《人民日报》2012年11月6日。

精神财富，但同时也面临着发展带来的各种难题：经济增长背后的“资源约束”加大、收入水平提高伴生的“贫富差距”拉大、社会发展生产的“权利诉求”增多、利益格局变化中的“民生短板”凸显……如何解决这些发展起来的新问题？如何跨越低水平、不全面、不平衡的难关？如何保持中国现代化进程的连续性？如何续写中国奇迹？再加之这些年来，西方社会的一些人总担心中国强大了会对世界构成威胁，“唱衰中国”、“唱空中国”也一时甚嚣尘上，甚至出现中国经济增长下降影响世界经济复苏的论调。回答这一系列疑问，反驳西方的“唱衰”、“唱空”言论的关键，就是要坚持走好中国道路！

中国道路，是破解人类社会发展共同难题、实现中国与世界可持续发展的文明新路。30 多年来，在西方世界不断唱衰中国的过程中，不乏诺贝尔经济学奖得主、《纽约时报》著名的专栏作家保罗·克鲁格曼这样的“唱将”。然而，这种不负责任罔顾事实的言论是站不住脚的，中国经济当前仍然是引领世界经济增长的重要引擎，未来全球仍将继续受益于中国经济改革所带来的新一轮发展机遇。国际货币基金组织（IMF）主席拉加德表示，中国确定了今年 7.5% 的经济增长目标，这与该组织预测相符，中国显然将继续对全球经济增长做出重大贡献。① 中国正用事实回应着“唱将”们，不仅经济稳步发展，而且逐步创造出了独特的发展道路，所谓的“中国崩溃论”更是不攻自破。

中国特色社会主义道路的不断开拓，为世界发展的多元化提供了重要的组成元素，使社会主义在世界范围的可持续发展及复兴繁荣成为可能。党的十八届三中全会制定了全面深化改革的总目标，即“完善和发展中国特色社会主义制度，推进国家治理体系和治理能力现代化”。中国特色社会主义制度作为中国道路在改革实践中的根本制度依托，在中国现代化改革实践中涵盖了中国的根本政治制度、基本政治制度、基本经济制度以及建立在这些制度基础上的经济体

① 周小苑：《中国仍是全球增长巨大正能量》，载《人民日报海外版》2014 年 4 月 14 日。

制、政治体制、文化体制、社会体制等各项具体制度，从而依靠中国道路这一带有中国特色的社会主义实践方式、手段和途径实现国家发展与民族复兴的目标。中国特色社会主义发展道路，不同于历史上的殖民侵略、经济强制输出或政治价值渗透，也不同于“休克疗法”式、渐进渗透或全盘颠覆的国家改革转型方式，中国的发展自身就为中国特色社会主义道路的强大生命力提供了有力的证明，打破了西方现代化、工业化发展模式妄图独霸世界的神话。中国道路的成功在于坚持党的正确领导而不否认世界多样性、各国多样化发展的基本前提与现实，在于坚定社会主义方向而不折腾、不懈怠。中国特色社会主义道路的成功，让其他发展中国家看到了民族复兴、国家富强的道路并非只有资本主义一条，看到了独立自主发展的新希望。①

中国特色社会主义道路恰如中国的革命道路一样，创造的发展奇迹出乎人们意料，面对苏联国家解体、日本经济萧条、美国金融海啸等历史性重大变故和冲击，中国道路的成功巩固了社会主义社会形态的存在，成为世界历史进程中的一大亮点，其背后的理论意蕴深刻、影响深远。这是一个古老民族创造的现代经济发展方式：它既实现了中国几千年传统文明与智慧的现代性转化，也融合了西方文明特别是现代市场经济制度文明的精华。美国著名学者约瑟夫·奈说：“中国的经济增长不仅让发展中国家获益巨大，中国特殊的发展模式和道路也被一些国家视为可效仿的榜样……”哈佛大学教授本杰明·史华兹指出：中国问题研究是人类可选择的探讨自身问题的智库和博大实验室，有助于深化和丰富对人类发展经验的认识。②

中国道路的未来发展方向和质量如何，是对中国模式的严峻考验。中国道路的阶段性成功在于不忘历史经验的历时性与共时性。中国人民选择的发展道路，是对历史上成功经验的学习与失败教训的反思，是对全球化趋势与国家发展各

---

① 施雪华：《中国道路的独特性及其世界意义》，载《中国社会科学报》2014 年 4 月 23 日。

② 郭万超：《揭开中国道路之谜》，党建网 http：//www.dangjian.cn/syjj/mtjj/201211/t20121113_ 932542.shtml。

个方面的挑战与考验，是对人民根本利益、物质文化需求快速增长的满足，是对瞬息万变的国际局势与国家间关系的处理。能否持续地实现国家富强、民族复兴的伟大中国梦，是对中国共产党科学执政、依法执政、民主执政的现代执政能力的持续考验，更是对中国共产党这一伟大的马克思主义政党国家治理能力的测试。历史告诉我们：一个国家发展道路的选择可以学习和借鉴别国、别地区的经验和教训；但是，要可持续地推动一个大国特别是超大民族国家的发展，一定要寻找到基于本民族国家之特性和国家历史与现实之情形的独特发展道路。简单拷贝别国发展的所谓“道路”注定会“水土不服”，或半途而废，或前功尽弃。中国道路将在国家未来发展的日子里，继续作为中国与世界全面对接的高质量轨道，承载起中华民族伟大复兴的光荣梦想。①

走好中国道路的同时，还要不断完善中国模式。36 年来，尤其是中国发展方式亟待转型之时，我国深入思考发展真谛，抓住科学发展观这个根本，坚持以人为本、全面协调可持续发展。在社会转型矛盾凸显，各种利益关系变得复杂之时，我们深入思考社会主义本质，抓住和谐社会这个重点，构建改革稳定的牢固地基。在国际国内局面错综复杂的情势下，我们深刻把握国际国内两个大局，抓住战略机遇期这个关键，形成了一个举世瞩目的中国模式。塞内加尔国际大学校长克劳德·恩亚福纳 2009 年 3 月在该校举行的“中国文化日”活动中说，中国的发展模式已成为各发达国家和发展中国家战略研究的重要内容。中国模式彰显了社会主义本质实现的中国个性和民族色彩，体现了改革开放以来世界和中国的时代精神和进步内容，具有鲜明的当代性和历史性。社会主义在中国的发展不会定格在当代内涵上，在中国特色社会主义不断向更高阶段迈进的历史进程中，作为社会主义本质的中国实现形式，中国模式也将与时俱进，不断汲取新的时代精神和进步内容。

党的十八大以来，在邓小平理论、“三个代表”重要思

① 施雪华：《中国道路的独特性及其世界意义》，载《中国社会科学报》2014 年 4 月 23 日。

想和科学发展观的指引下，中国找到了健康、持续、稳定发展的“新的政治经济学的叙事方式”，正在摆脱“唯 GDP 论英雄”的狭隘理念，自主摸索出了一条通过可持续的体制变革和制度创新推动国家建设的科学发展方式。例如 2014 年 2 月 22 日，二十国集团财长和央行行长会议上，针对部分国家代表提及中国制造业指数下降对全球经济影响的问题，财政部部长楼继伟表示，中国制造业占 GDP 比重最高曾接近 60%，对全球经济增长的贡献超过 50%，这是不可持续的，带来了环境污染、产能过剩的问题。① 当前，中国人正在努力破除 GDP 崇拜，但破除 GDP 崇拜，不是全盘否定 GDP，而是更理性看待 GDP；不简单以 GDP 论英雄，也就是说，论英雄还是需要看 GDP 的，但 GDP 不是全部。② 还不仅仅是看待 GDP 的问题，中国还要从“发展绝不只是经济增长”到“坚持以人为本，树立全面可持续的发展观”，从“构建社会主义和谐社会”到“加快经济增长方式转变”，从“建设社会主义新农村”到“加强和创新社会管理”，从“三位一体”到经济、政治、文化、社会及生态文明建设“五位一体”，从和谐发展、和平发展到统筹国内国际两个大局等诸多方面转变理念。③

过去 30 多年中国模式取得成功的关键之一，就是不断进行改革创新。中国的改革就是社会主义国家模式的自我完善，中国未来的发展，也要继续依靠国家发展模式的不断完善和创新。中国的经济、政治体制改革不是社会形态、社会制度或国体的改变，而是国家模式的调整、完善和发展。其中包括通过合理的经济体制改革和依法治国，实现公平正义，缩小贫富差距，努力改善民生；通过不断完善符合本国国情的国家发展模式，最大限度地发挥社会主义制度的优越性，造福于中国人民和世界人民。马克思有一句名言：“要

---

① 袁祖社：《中国道路是中国自信之基》，载《中国社会科学报》2013 年 12 月 6 日。

② 王石川：《“唯 GDP 论英雄”的时代该终结了》，载《济南日报》2013 年 7 月 1 日。

③ 沈寅，熊建：《发展的中国助力世界经济》，载《人民日报》2014 年 3 月 2 日。

了解一个限定的历史时期，必须跳出它的局限，把它与其他历史时期相比较。① 从国际发展经验来看，改革开放36年来，我们战胜了一个又一个困难和挫折，避免了一个又一个“陷阱”与“困境”，成功实现转型，改写了世界舞台上现代化模式的既定格局，实现了中国现代化历程的关键跨越。

春潮澎湃卅余载，鼓舞神州竞创新。36年的探索不寻常，36年的分量沉甸甸，36年的成就灿烂辉煌。在社会主义现代化的伟大征程上，我们创造伟大的历史和奇迹，也拥抱美好的未来。中国特色社会主义取得的伟大成就充分展示了新兴的社会主义制度对资本主义制度的优越性，特别是党的十八届三中全会作出的《中共中央关于全面深化改革若干重大问题的决定》，必将进一步激发社会主义制度的活力和创造力，推动中国特色社会主义的新发展。② 我们要高举中国特色社会主义伟大旗帜，以邓小平理论、“三个代表”重要思想和科学发展观为指导，紧密团结在以习近平同志为总书记的党中央周围，进一步解放思想，全面深化改革，坚定不移地走好中国特色发展道路，为全面建成小康社会、为中华民族伟大复兴作出新的贡献，力争续写中国奇迹。

---

① 《马克思恩格斯全集》第44卷，人民出版社1982年版，第287页。

② 汝信：《两种道路　两种前景》，载《红旗文稿》2013年第1期。

参考文献

一、经典著作、党的文献

[1]《马克思恩格斯选集》(第1卷)，人民出版社1995年版。
[2]《马克思恩格斯选集》(第2卷)，人民出版社1995年版。
[3]《马克思恩格斯选集》(第3卷)，人民出版社1995年版。
[4]《马克思恩格斯选集》(第4卷)，人民出版社1995年版。
[5]马克思：《资本论》(第2卷)，人民出版社2004年版。
[6]《毛泽东文集》(第5卷)，人民出版社1996年版。
[7]《毛泽东文集》(第6卷)，人民出版社1999年版。
[8]《毛泽东文集》(第7卷)，人民出版社1999年版。
[9]《毛泽东文集》(第8卷)，人民出版社1999年版。
[10]《邓小平文选》(第2卷)，人民出版社1994年版。
[11]《邓小平文选》(第3卷)，人民出版社1993年版。
[12]《江泽民文选》(第1卷)，人民出版社2006年版。
[13]《江泽民文选》(第2卷)，人民出版社2006年版。
[14]《江泽民文选》(第3卷)，人民出版社2006年版。
[15]中共中央文献研究室：《十六大以来重要文献选编》上，中央文献出版社2005年版。
[16]中共中央文献研究室：《十六大以来重要文献选编》中，中央文献出版社2006年版。
[17]中共中央文献研究室：《十六大以来重要文献选编》下，中央文献出版社2008年版。
[18]中共中央文献研究室：《十七大以来重要文献选编》上，中央文献出版社2009年版。
[19]中共中央文献研究室：《十七大以来重要文献选编》中，中央文献出版社2011年版。
[20]中共中央文献研究室：《十七大以来重要文献选编》下，中央文献出版社2013年版。
[21]胡锦涛：《坚定不移沿着中国特色社会主义道路前进

为全面建成小康社会而奋斗》，人民出版社2012年版。
[22]《全国现代农业发展规划(2011—2015年)》，载《国务院公报》2012年1月13日。
[23]《关于深化收入分配制度改革的若干意见》，人民出版社2013年版。
[24]《中共中央关于全面深化改革若干重大问题的决定》，人民出版社2013年版。
[25]《国家"十二五"科学与技术发展规划》，中华人民共和国科学技术部网站。
[26]《中共中央国务院关于加快发展现代农业 进一步增强农村发展活力的若干意见》，载《人民日报》2013年2月1日。
[27]《中共中央国务院关于全面深化农村改革加快推进农业现代化的若干意见》，载《人民日报》2014年1月20日。
[28]《信息化和工业化深度融合专项行动计划(2013—2018年)》，载《新型工业化》2014年第1期。
[29]《中华人民共和国2013年国民经济和社会发展统计公报》，载《人民日报》2014年2月25日。
[30]《国家新型城镇化规划(2014—2020年)》，载《人民日报》2014年3月17日。

二、专著类

[31]林毅夫，蔡昉，李周：《中国的奇迹：发展战略与经济改革》，人民出版社2002年版。
[32]韩保江：《中国奇迹与中国发展模式》，四川出版集团·四川人民出版社2008年版。
[33]徐贵相：《中国发展模式研究》，人民出版社2008年版。
[34]简新华：《中国经济结构调整和发展方式转变》，山东人民出版社2009年版。
[35]厉以宁：《中国经济双重转型之路》，中国人民大学出版社2013年版。
[36]林跃勤：《金砖国家发展报告(2013年)/新兴经济体蓝皮书》，社会科学文献出版社2013年版。

三、期刊类

[37]樊纲:《两种改革成本和两种改革路径》,载《经济研究》1993 年第 1 期。

[38]肖勤福:《坚持“引进来”与“走出去”相结合　全面提高对外开放水平》,载《科学社会主义》2002 年第 6 期。

[39]李健:《关于中国新型工业化道路若干理论问题的探讨》,载《商场现代化》2006 年 4 月(上旬刊)。

[40]杜人淮:《论政府与市场关系及其作用的边界》,载《现代经济探讨》2006 年第 4 期。

[41]张二震,方勇:《经济全球化与中国对外开放的基本经验》,载《南京大学学报》2008 年第 4 期。

[42]张番红:《中国特色自主创新道路的科学内涵》,载《发展》2009 年第 2 期。

[43]李学勇:《推动自主创新　促进科学发展》,载《求是》2009 年第 11 期。

[44]姚景源:《入世 10 年:成就、问题及展望》,载《红旗文稿》2011 年第 15 期。

[45]王维平,李艳庆:《中国特色自主创新道路的基本特征》,载《重庆大学学报(社会科学版)》2012 年第 1 期。

[46]张晓强:《走中国特色创新驱动道路　实现发展方式根本转变》,载《求是》2012 年第 13 期。

[47]郑新立:《政府和市场的关系:经济体制改革的核心问题》,载《求是》2013 年第 2 期。

[48]张宇:《全面深化经济体制改革若干重大问题的思考》,载《红旗文稿》2013 年第 3 期。

[49]牛海彬:《如何看待金砖国家经济增长放缓》,载《当代世界》2013 年第 3 期。

[50]姜洪:《中国在世界经济双循环中的引擎和枢纽作用》,载《红旗文稿》2013 年第 7 期。

[51]田惠敏:《从制度设计和发展模式看“中等收入陷阱”》,载《红旗文稿》2013 年第 16 期。

[52]苗圩:《推动国有企业完善现代企业制度》,载《求是》2013 年第 22 期。

[53]李鸿忠：《支持非公有制经济健康发展》，载《求是》2013 年第 23 期。

[54]王志刚：《健全技术创新市场导向机制》，载《求是》2013 年第 23 期。

[55]黄群慧：《国企发展进入“分类改革与监管”新时期》，载《中国经济周刊》2013 年第 42 期。

[56]曾国安，冯柏林：《如何促进收入分配制度的改革》，载《江西社会科学》2014 年第 1 期。

[57]王乐志：《以开放促改革——对外开放理论的创新》，载《经济体制改革》2014 年第 1 期。

[58]刘泉红：《以混合所有制经济为载体深化国企改革》，载《前线》2014 年第 2 期。

[59]金灿荣，王浩：《从多重视角看中国对世界经济的贡献》，载《当代世界》2014 年第 3 期。

[60]萧冬连：《中国社会主义市场经济转轨之路》，载《中共党史研究》2014 年第 3 期。

[61]夏杰长，姚战琪，齐飞：《积极有序推进我国服务业对外开放》，载《中国经贸导刊》2014 年第 3 期。

[62]中央党校中国特色社会主义理论体系研究中心：《中国道路破解了一系列发展中国家现代化难题》，载《求是》2014 年第 5 期。

[63]王一鸣：《我国保持中高速经济增长具有良好基础》，载《求是》2014 年第 6 期。

[64]黄中平：《着力提高治理能力，切实防止“两个陷阱”》，载《求是》2014 年第 7 期。

[65]张维为：《中国成功的五个原因》，载《求是》2014 年第 7 期。

[66]汪洋：《构建开放型经济新体制》，载《新华文摘》2014 年第 23 期。

四、报纸网页类

[67]李兴山：《深化经济体制改革必要而紧迫》，载《经济参考报》2002 年 12 月 2 日。

[68]郑海燕：《为世界消除贫困事业作出贡献》，载《农民日

报》2011 年 1 月 10 日。

[69]谢伏瞻：《千方百计增加居民收入》，载《经济日报》2012 年 11 月 24 日。

[70]黄锟：《中国新型城镇化道路的选择——“中国新型城镇化道路”研讨会暨全国行政学院系统经济学科 2012 年年会综述》，载《中国经济时报》2013 年 1 月 15 日。

[71]叶帆，张垚：《跨越中等收入陷阱》，载《人民日报》2013 年 6 月 9 日。

[72]朱剑红：《我国科技研发经费首次突破一万亿元》，载《人民日报》2013 年 9 月 27 日。

[73]王松林：《试论中国特色农业现代化道路的实现途径》，载《山西青年报》2013 年 10 月 19 日。

[74]刘长庚：《以改革为动力跨越“中等收入陷阱”》，载《中国社会科学报》2013 年 10 月 23 日。

[75]胡家勇：《十八届三中全会在社会主义市场经济理论上的贡献》，中国社会科学网，2013 年 11 月 14 日。

[76]乔志东：《简政放权是上海自贸区先行突破口》，载《证券日报》2013 年 11 月 18 日。

[77]肖海英：《如何发挥市场在资源配置中的决定性作用？——学习十八届三中全会〈决定〉有感》，求是理论网，2013 年 11 月 19 日。

[78]朱剑红：《改革开放 35 年 · 经济发展成果述评①：中国经济，世界奇迹》，载《人民日报》2013 年 11 月 21 日。

[79]吴敬琏：《坚持政府和市场关系的准确定位》，载《北京日报》2013 年 11 月 25 日。

[80]赵晓雷：《以开放型经济体系推进全方位改革》，载《文汇报》2013 年 11 月 26 日。

[81]王伟光：《用市场经济的办法充分发挥社会主义制度的优越性》，载《光明日报》2013 年 12 月 23 日。

[82]何亮亮：《中国强国进程影响世界走向》，载《国际先驱导报》2014 年 1 月 3 日。

[83]郑京平：《如何理解“收入倍增计划”》，载《学习时报》2014 年 1 月 14 日。

[84]韩国贸易协会国际贸易研究院：《通过世界出口市场占

有率第一的商品看外国出口竞争力》，载[韩国]《朝鲜日报》2014 年 1 月 24 日。

[85]卢中原：《为市场化改革增添新动力》，载《经济日报》2014 年 2 月 27 日。

[86]李兴山：《进一步转变政府职能更好发挥市场在资源配置中的决定性作用》，中央党校网站，2014 年 3 月 13 日。

[87]黄剑辉，王阁，徐晶：《跨越“五大陷阱”取决于改革创新》，载《经济参考报》2014 年 4 月 4 日。

[88]张维为：《在国际比较中坚定中国自信》，载《北京日报》2014 年 4 月 14 日。

[89]洪银兴：《新阶段的经济学创新和发展》，载《人民日报》2014 年 5 月 25 日。

后 记

本书是新闻出版总署社会主义核心价值体系建设“双百”出版工程《中国特色社会主义理论体系普及读本》中的一本，也是我主持的教育部“新世纪优秀人才支持计划”项目“中国共产党认识和解决民生问题的基本经验与基本规律研究”的阶段性成果。自2012年6月，顾海良教授领衔的《中国特色社会主义理论体系普及读本》编委会成立以来，我作为其中一本书的主笔者，参与了丛书的数次研讨会议，深刻体会到系统阐释中国特色社会主义理论体系的重要、必要与艰难、不易。

改革开放30多年来，中国经济奇迹已成为全球难解之谜。随着中国经济30多年的持续高速增长及其对世界影响的日益扩大，越来越多的西方学者开始关注、审视中国经济奇迹，既有各种各样的“捧杀”之声，也有花样百出的“唱衰”之调，然而，事实一再证明，无论是捧杀，还是唱衰，中国经济都一如既往地按照自己的方式发展。那么，中国经济奇迹之“谜”究竟何在？原因很简单，改革开放以来，中国人民在中国共产党的正确领导下，坚持和完善中国特色社会主义经济制度，坚定不移地走中国特色社会主义经济发展道路。本书的宗旨就是要向广大读者揭示中国经济奇迹之谜底，讲清中国特色社会主义经济制度——中国经济模式之特色，坚定走中国特色社会主义经济发展道路之信心。

本书由我初拟提纲，在认真听取丛书编委会的建议，特别是充分吸收了我的两位恩师——经济学家颜鹏飞教授、曾国安教授的意见之后，对提纲作了大幅的修改。两年来，我三易其稿，先后邀请了武汉大学马克思主义学院的青年教师——周尤正、陈慧女、任艳，我以往的学生——董亚平、王世娟，在读博士生——崔霞、焦晓云、陈晨，访问学者——赵桂生，在校硕士生——周旮、李源峰、明邹，以及武汉大学经济与管理学院2011级的本科生——石珂、吴素云、阮真、黄惠、吴宇迪等加入进来。他们或者提供部分初稿，或者帮助整理资料，或者积极参与讨论，以各自的方式为本书的写作贡献智慧，这里，深表衷心的感谢！当然，作为本书的主笔，全书最后是由我改写、充实、统稿和定稿的。两年里，由于教学、科研任务繁重，加之事务缠身，写作始终处于断断续续的状态，特别是，身处于一个伟大变革的时代，知之不易，书之更难，其中的不足与缺憾在所难免，恳请诸君批评指正。

此外，感谢为本书提供素材、贡献学养的学者们！你们的许多研究成果被本书引用，为书稿增光添彩不少，但囿于本书的编排要求，未能一一标注，在此特别致谢，并敬请谅解！

最后，对武汉大学出版社的领导王雅红女士，以及前后两任责任编辑——易瑛女士、朱凌云女士的辛勤劳动表示诚挚的感谢！

李 楠

2014 年 3 月 26 日于武汉光谷

弘扬社会主义核心价值体系出版工程重点图书

中国特色社会主义理论体系普及读本

总主编：顾海良　佘双好

《道路 制度 理论体系——中国特色社会主义基本理论》

《民族精神 时代精神 共同理想——中国特色社会主义共同理想》

《价值观 核心价值观 核心价值体系——中国特色社会主义核心价值观》

《道德 人生 社会——中国特色社会主义道德建设》

《大众化 时代化 中国故事——中国特色社会主义理论体系普及路径》

《人民民主 法治国家——中国特色社会主义政治发展道路》

《中国奇迹 中国道路 中国模式——中国特色社会主义经济建设》

《吸引力 影响力 文化软实力——中国特色社会主义文化建设》

《民生 和谐 幸福——中国特色社会主义社会建设》

《资源 环境 生态文明——中国特色社会主义生态文明建设》

《领导核心 执政使命 伟大工程——中国马克思主义执政党建设》

《民族复兴 和平发展 和谐世界——中国特色社会主义和平外交战略》